LA VIDA DE JOSÉ

Libro de actividades

La vida de José: Libro de actividades

Bible Pathway Adventures® es una marca registrada de BPA Publishing Ltd.
Defenders of the Faith® es una marca registrada de BPA Publishing Ltd.

ISBN: 978-1-989961-89-6

Autora: Pip Reid
Director Creativo: Curtis Reid
Editora: Aileen Nieto

Para obtener recursos bíblicos gratuitos y Paquetes para Maestros, incluyendo páginas para colorear, hojas de trabajo, exámenes y más, visite nuestro sitio web en:

www.biblepathwayadventures.com

◦◇ **Introducción** ◇◦

Disfrute enseñando a sus hijos sobre la Biblia con nuestro *La vida de José: Libro de actividades*. Lleno de detallados planes de lecciones, páginas para colorear, divertidas hojas de trabajo y rompecabezas para ayudar a los educadores como usted a enseñar a los niños una fe bíblica. Incluye referencias de las escrituras para una fácil búsqueda de versículos bíblicos y una práctica guía de respuestas para maestros y padres.

Bible Pathway Adventures ayuda a los educadores a enseñar a los niños la fe bíblica de una manera divertida y creativa. Lo hacemos a través de nuestros libros de actividades y actividades imprimibles gratis, disponibles en nuestro sitio web: www.biblepathwayadventures.com.

Gracias por comprar este libro de actividades y apoyar nuestro ministerio. Cada libro comprado nos ayuda a continuar nuestro trabajo proporcionando paquetes de clases gratis y recursos de discipulado a familias y misiones alrededor del mundo.

¡La búsqueda de la verdad es más divertida que la tradición!

⋄◇⋄ Tabla de Contenidos ◇⋄◇

LECCIÓN 1 | Plan de la lección
José, el soñador

Docente:_____

El pasaje de la Biblia de hoy: Génesis 37:1-11

Oración de bienvenida:
Rece una simple oración con los niños antes de empezar la lección.

Objetivos de la lección:
En esta lección, los niños aprenderán:
1. Por qué Jacob le dio a su hijo José una túnica especial
2. Cómo reaccionó la familia de José a sus dos sueños

¿Lo sabías?
El primogénito de Jacob, Rubén, se portó tan mal que Jacob le quitó su bendición especial, llamada progenitura, y se la dio a José (1 Crónicas 5:1-2).

Resumen de la lección de la Biblia:
En la tierra de Canaán vivía un gran jefe llamado Jacob (Israel). Tuvo cuatro esposas y muchos hijos. De todos sus hijos, Jacob amaba más a su hijo José. Le dio a José una hermosa túnica para mostrarles a todos cuánto lo amaba. ¡Los hermanos de José estaban celosos! Algún tiempo después, José tuvo dos sueños. En el primer sueño, la familia de José estaba atando el grano. Todos sus fardos de grano se inclinaron ante el fardo de José. Los hermanos de José no estaban contentos. "Sí", se burlaron. "Ciertamente serás nuestro rey. ¡Harás un gran trabajo mandándonos!". Entonces José tuvo otro sueño. "¡Escuchen!", él dijo. "En este sueño, el sol, la luna y once estrellas se inclinaron ante mí". ¡A los hermanos de José no les gustaron estos sueños para nada!

Repasemos:

Preguntas para hacer a sus estudiantes:

1. ¿Quién era el hijo favorito de Jacob?
2. ¿Cuál era el trabajo de José?
3. ¿Por qué el padre de José le dio una túnica especial?
4. ¿Por qué los hermanos de José lo odiaban?
5. Describe los sueños de José ¿Qué significaban?

Un versículo de memoria para ayudar a los niños a recordar la Palabra de Dios:

"Y amaba Israel a José más que a todos sus hijos, porque lo había tenido en su vejez" (Génesis 37:3).

Actividades:

Sopa de letras de la Biblia: La familia de José

Cuestionario de la Biblia: La túnica de José

Hoja de trabajo de comprensión: La túnica de José

Página para colorear: José y sus hermanos

Hoja de trabajo: ¿Lo sabías?

Hoja de trabajo: ¿Quién era Jacob?

Hoja de trabajo: Árbol familiar de Jacob

Hoja de trabajo de periódico: El Tiempo de Canaán

Hoja de trabajo para colorear: Los sueños de José

Hoja de trabajo: ¿Cuál es la palabra?

Aprendamos hebreo: José

Oración final:

Termine la lección con una pequeña oración.

La familia DE JOSÉ

Lee Génesis 49.
Encuentra y encierra en un círculo las siguientes palabras.

```
R  A  Q  U  E  L  V  Z  T  W  L  A  J  A  U
T  Y  V  G  M  L  F  Q  L  F  U  E  A  S  S
R  J  P  O  G  B  H  Q  I  V  Y  N  C  E  I
W  K  U  C  U  E  P  W  U  S  P  L  O  R  M
J  F  C  D  H  W  C  I  X  Q  A  Z  B  I  E
Z  A  Z  T  Á  F  G  F  A  B  A  C  U  F  Ó
U  A  E  M  Y  U  B  A  B  B  L  I  A  M  N
B  F  B  K  C  P  D  E  D  Q  I  J  N  R  Z
Z  U  W  U  P  M  U  T  N  V  R  G  C  U  G
M  I  Y  X  L  K  A  X  Y  J  H  W  K  B  E
M  Z  U  X  Q  Ó  N  N  R  F  A  C  O  É  D
O  Y  S  P  E  P  N  H  Y  O  Q  M  K  N  Ñ
V  S  J  W  U  N  G  C  Q  W  W  X  Í  B  Z
Z  H  D  Y  I  G  A  V  V  L  E  V  Í  N  N
H  F  W  N  E  F  T  A  L  Í  E  S  U  Z  Y
```

GAD

NEFTALÍ

ZABULÓN

JACOB

ISACAR

SIMEÓN

ASER

RUBÉN

JUDÁ

RAQUEL

BENJAMÍN

LEVÍ

La túnica DE JOSÉ

Lee Génesis 37:1-11. Responde las siguientes preguntas.

1. ¿Dónde vivía Jacob?

2. ¿Qué edad tenía José?

3. Nombra las dos esposas de Jacob.

4. ¿Qué regalo le dio Jacob a José?

5. ¿Por qué Jacob le dio a José un regalo?

6. ¿Qué hicieron los hermanos cuando vieron que Jacob amaba más a José que a ellos?

7. ¿Cuántos sueños tuvo José?

8. ¿De qué se trataba el primer sueño de José?

9. ¿Qué cosas se inclinaron ante José en su segundo sueño?

10. ¿Cómo reaccionó Jacob cuando escuchó sobre el segundo sueño de José?

La túnica de José

Jacob mostró su amor por José al darle un regalo especial. En Génesis 37:3, la palabra hebrea para túnica o abrigo es "ketonet passim", que significa "túnica de distinción" o "vestimenta larga con mangas". Algunos estudiosos de la Biblia sugieren que difería de las túnicas de los hermanos de José porque tenían mangas largas, mientras que los hermanos habrían usado la típica túnica sin mangas del "hombre trabajador". Así como los supervisores y gerentes se distinguen hoy en día por el hecho de usar trajes, ¿quizás José se distinguió por su abrigo de manga larga?

Sabemos que la túnica que le dio Jacob se consideró como evidencia del mayor amor de Jacob por José sobre sus otros hijos. Era un símbolo de la autoridad sobre sus hermanos. La preferencia de Jacob por José no era un secreto (Génesis 37:2-3). Pero los hermanos de José odiaban esta prenda y lo que simbolizaba. Cuando se encontraron con José en Siquem, lo primero que hicieron fue quitarle la túnica (Génesis 37:23). Quizás José fue rechazado por sus hermanos por la autoridad que tenía sobre ellos, a pesar de que era su hermano menor.

1. ¿Qué significa "ketonet passim"?

2. ¿Por qué crees que los hermanos de José lo odiaban?

¡Colorea a José!

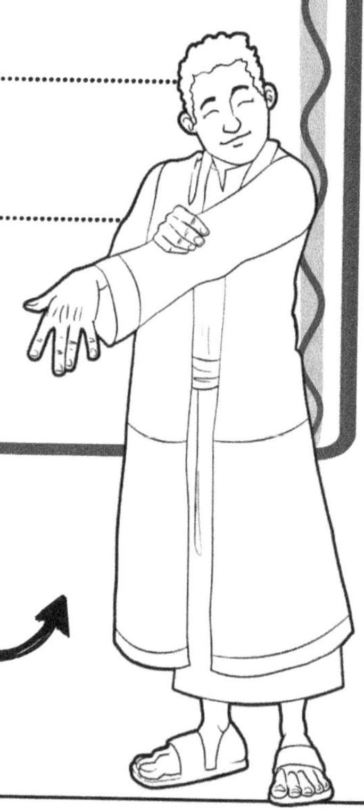

Bible Pathway Adventures

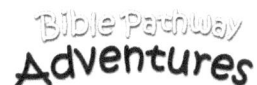

“y amaba Israel a José más que a todos sus hijos, porque lo había tenido en su vejez...”

(Génesis 37:3)

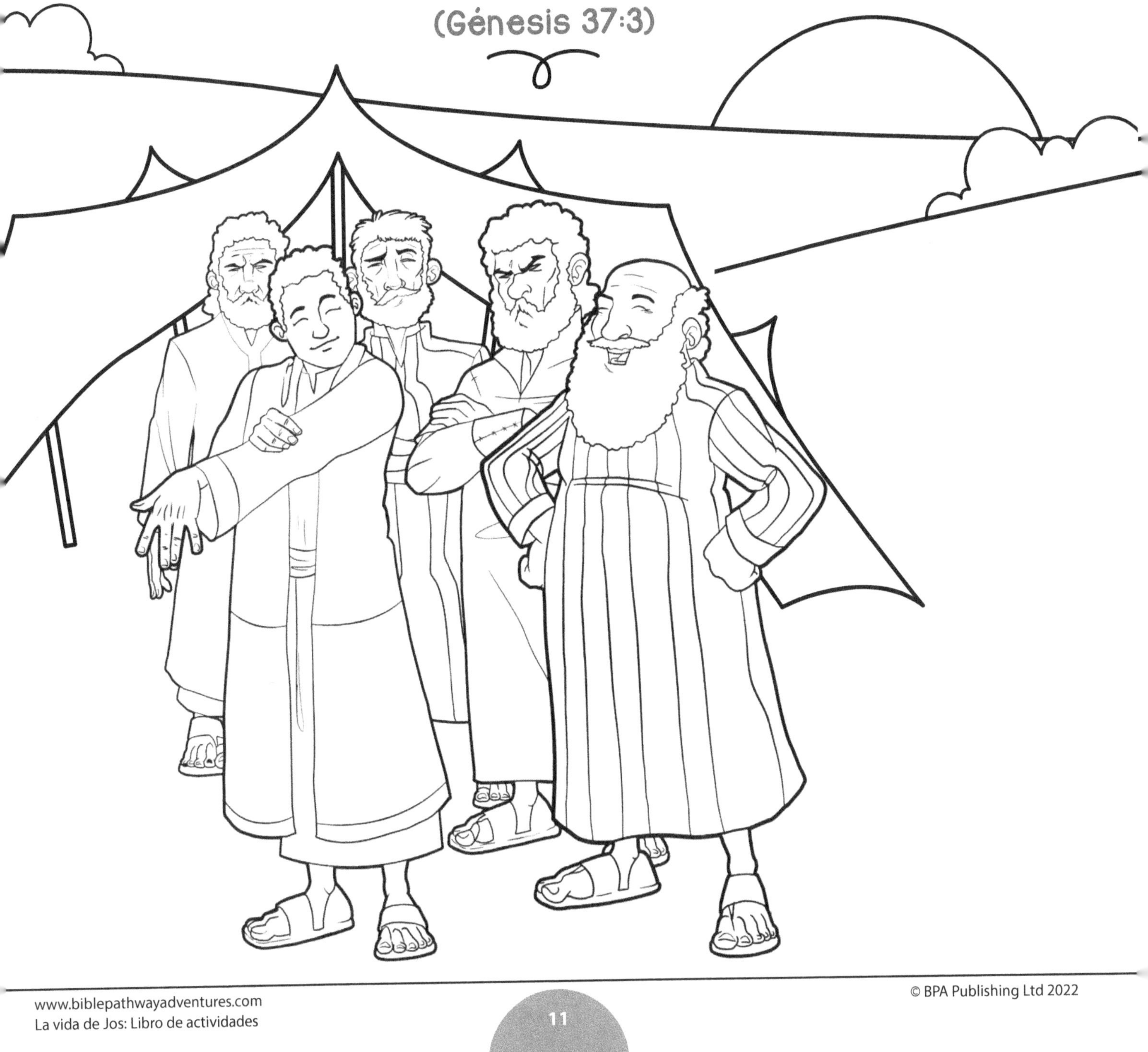

¿Lo sabías?

JUDÁ

Los doce hijos de Jacob fueron la prefiguración de las doce tribus de Israel. Cada tribu recibió el nombre de un hijo o nieto de Jacob (Israel). Aunque las tribus se convirtieron en una sola nación, cada tribu era muy diferente. El Mesías era de la tribu de Judá.

Lee Apocalipsis 7:5-8 y 21:9-13. Los nombres de doce tribus de Israel serán escritos sobre las puertas del nuevo Jerusalén. ¿Puedes nombrar las 12 tribus de Israel?

¿Quién era Jacob?

Lee Génesis 32:20-32 y 35:1-29. Completa la siguiente hoja de trabajo.

Nacionalidad:

....

El nuevo nombre de Jacob fue:

....

Jacob tuvo .... esposas y .... concubinas.

Jacob tuvo .... hijos llamados ....,

..............., ..., ..., ..., ...,

..............., ..., ..., ..., ...,

....

Jacob es más famoso por:

....

....

Cinco palabras que describen a Jacob:

1. ....

2. ....

3. ....

4. ....

5. ....

La familia de Jacob

Lee Génesis 29:32-35, 30:1-26 y 35:16-19.
Escribe sus nombres, y los nombres de sus madres, en los siguientes recuadros.

¿Quiénes son los doce hijos de Jacob?

Libro del Génesis

El
Tiempo de Canaán

GÉNESIS 37   TIERRA DE CANAÁN   UNA PUBLICACIÓN DE HISTORIA DE LA BIBLIA

Los pastores se portan mal

....

....

....

....

....

....

Sube el precio de las cabras

¡Riña familiar!

....

....

....

....

Los sueños de José

Lee Génesis 37:3-10. Escribe un breve resumen de este pasaje de la Biblia.

....

....

....

1. ¿Cuál fue el primer sueño de José?

....

....

2. ¿Cuál fue el segundo sueño de José?

....

....

3. ¿Qué le dijo Jacob a José?

....

....

Dibuja tu escena favorita de esta historia.

¿Qué puede enseñarme la vida de José?	Dios usó a José para...
....	....
....	....

¿Cuál es la palabra?

Lee Génesis 37:5-11 (RV1960). Completa los espacios en blanco con las palabras de abajo.

" Y soñó José un ...., y lo contó a sus hermanos; y ellos llegaron a aborrecerle más todavía. 6 Y él les dijo: Oíd ahora este sueño que he soñado: He aquí que atábamos .... en medio del campo, y he aquí que mi manojo se levantaba y estaba derecho, y que vuestros manojos estaban alrededor y se .... al mío. Le respondieron sus hermanos: ¿ .... tú sobre nosotros? Y le aborrecieron aún más a causa de sus sueños y sus palabras. Soñó aun otro sueño, y lo contó a sus hermanos, diciendo: He aquí que he soñado otro sueño, y he aquí que el sol y la .... y once estrellas se inclinaban a mí. Y lo contó a su .... y a sus hermanos; y su padre le reprendió, y le dijo: ¿Qué sueño es este que soñaste? ¿Acaso vendremos yo y tu madre y tus .... a postrarnos en tierra ante ti? Y sus hermanos le tenían ...., mas su padre meditaba en esto. "

SUEÑO   HERMANOS
MANOJOS   ENVIDIA
INCLINABAN   PADRE
LUNA   REINARÁS

Yosef

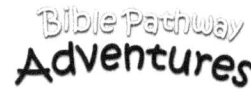

El nombre hebreo de José es Yosef. Era hijo de Jacob (Israel) y Raquel, y vivió en la tierra de Canaán con sus once hermanos y al menos una medio hermana. Era el primogénito de Raquel y el onceavo hijo de Jacob. De todos los hijos, Jacob amaba más a José.

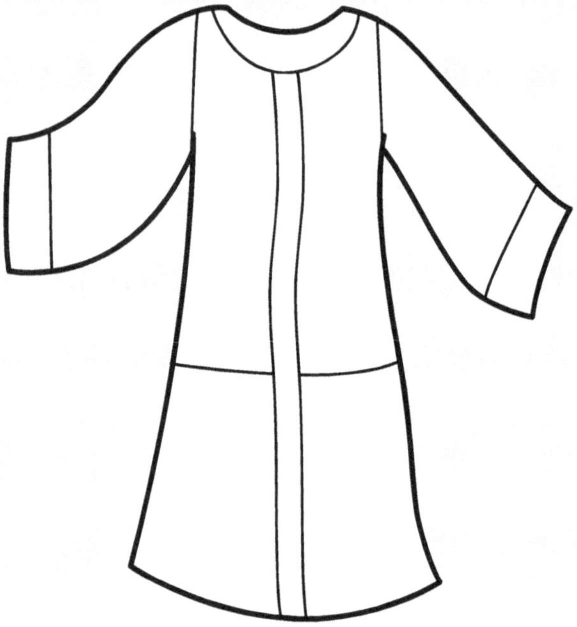

Yosef

יוֹסֵף

José

Traza el nombre hebreo aquí:

יוסף

יוסף

Escribe el nombre hebreo aquí:

¡Vamos a escribir!

Practica la escritura del nombre hebreo
de José en las siguientes líneas.

יוֹסֵף

יוֹסֵף

Inténtalo por tu cuenta.
Recuerda que el hebreo se lee de DERECHA a IZQUIERDA.

LECCIÓN 2 | Plan de la lección
Vendido como esclavo

Docente:_____

El pasaje de la Biblia de hoy: Génesis 37:18-36 y 39:1-3

Oración de bienvenida:
Rece una simple oración con los niños antes de empezar la lección.

Objetivos de la lección:
En esta lección, los niños aprenderán:
1. Cómo los hermanos de José lo vendieron como esclavo
2. A dónde fue llevado José para trabajar como esclavo

¿Lo sabías?
Las especias que los mercaderes llevaban a Egipto eran quemadas como incienso en los templos, y también se usaban para sanar a los enfermos y embalsamar los cuerpos de los familiares del faraón.

Resumen de la lección de la Biblia:
Los hermanos llevaron los rebaños de su padre a pastar en Siquem. Algún tiempo después, Jacob envió a José a ver cómo estaban. "Ve a Siquem", dijo. "Mira si tus hermanos están a salvo. Vuelve y dime si mis ovejas están bien". Cuando los hermanos vieron a José, lo atacaron, le arrancaron su hermosa túnica y lo arrojaron a un pozo. Pronto pasó un grupo de mercaderes ismaelitas en sus camellos. Los hermanos de José lo sacaron del pozo y lo vendieron a los mercaderes por veinte piezas de plata. Para ocultar lo que habían hecho, sumergieron la túnica de José en sangre de cabra y se la mostraron a Jacob. "Mi hijo está muerto", gritó y lloró. Mientras tanto, los mercaderes llevaron a José a Egipto y lo vendieron a un hombre llamado Potifar.

Repasemos:

Preguntas para hacer a sus estudiantes:

1. ¿Por qué Jacob envió a José a buscar a sus hermanos?
2. ¿Qué le hicieron los hermanos a José?
3. ¿Quiénes compraron a José y cuánto pagaron?
4. ¿Qué le dijeron los hermanos a Jacob que le había pasado a José?
5. ¿Qué le pasó a José cuando llegó a la tierra de Egipto?

Un versículo de memoria para ayudar a los niños a recordar la Palabra de Dios:

"…sacaron ellos a José de la cisterna, y le trajeron arriba, y le vendieron a los ismaelitas por veinte piezas de plata" (Génesis 37:28).

Actividades:

Cuestionario de la Biblia: Vendido como esclavo

Completa la imagen: ¡Al pozo!

Manualidad de la Biblia: ¡Hagamos una oveja!

Hoja de trabajo de comprensión: Las esposas e hijos de Jacob

Hoja de trabajo: ¿Quién lo dijo?

Actividad de la Biblia: Diseña tu propia moneda de plata

Hoja de trabajo: Barcos del desierto

Pregunta y colorea: Los mercaderes

Actividad del mapa: A Egipto

Hoja de trabajo: ¡Crea tu propio pasaporte!

Laberinto: Vendido como esclavo

Crucigrama de la Biblia: Vendido como esclavo

Oración final:

Termine la lección con una pequeña oración.

Vendido como
ESCLAVO

Lee Génesis 37:12-36. Responde las siguientes preguntas.

1. ¿A dónde fueron los hermanos de José para alimentar el rebaño de su padre?

2. ¿Quién le dijo a José que fuera a buscar a sus hermanos?

3. ¿Dónde encontró José a sus hermanos?

4. Cuando los hermanos de José lo vieron, ¿qué dijeron?

5. ¿Qué hermano no quería matar a José?

6. ¿Qué le hicieron los hermanos a José?

7. ¿Qué bienes llevaban los camellos de los mercaderes?

8. ¿Cuánto pagaron los mercaderes por José?

9. ¿Con la sangre de qué animal empaparon la túnica de José?

10. ¿A qué tierra llevaron los mercaderes a José?

¡Al pozo!

Cuando José se acercó a sus hermanos, estos le quitaron su túnica y lo arrojaron a un pozo vacío. Dibuja a José y a sus hermanos para completar la imagen.

Las esposas e hijos de Jacob

Según la Biblia, Jacob tenía dos esposas, Lea y Raquel, que eran hermanas, y dos concubinas, Bilha y Zilpa. Raquel y Lea no se opusieron a las otras mujeres porque fue idea de ellas que Jacob tuviera más hijos con ellas (Génesis 30:3,9).

Estas cuatro mujeres tuvieron doce hijos entre ellas. Los hijos de Lea fueron Rubén (el primogénito de Jacob Simeón), Leví, Judá, Isacar y Zabulón. Los hijos de Raquel fueron José y Benjamín. Los hijos de Bilha, la sierva de Raquel, fueron Dan y Neftalí, y los hijos de Zilpa, la sierva de Lea, fueron Gad y Aser (Génesis 35:23-26). Jacob tuvo al menos una hija, Dina. No hay duda de que tanto Bilha como Zilpa tenían un estatus inferior al de Lea y Rachel; las primeras eran concubinas, mientras que Lea y Raquel eran esposas de pleno derecho.

I. ¿Quiénes eran los hijos de Lea?

....

2. ¿Quiénes eran los hijos de Raquel?

....

¡Colorea
a Jacob!

Diseña tu propia moneda de plata

Para los antiguos israelitas, "dinero" significaba oro, plata y cebada. Los hermanos de José lo vendieron a los mercaderes por 20 piezas de plata. La plata era popular porque era más duradera que el grano. Cuando alguien compraba un artículo, se pesaba su plata y se verificaba su pureza. La plata se usaba para el comercio y las transacciones, mientras que el oro era una forma de preservar la riqueza. Diseña tu propia moneda de plata en el espacio de abajo. ¡Usa tu imaginación!

Diseña tu propia moneda de plata en el espacio de abajo. ¡Usa tu imaginación!

¡Colorea al hombre de dinero!

Barcos del desierto

¡Los camellos tienen un aspecto muy singular! Viven en áreas desérticas de Medio Oriente, África y Asia. Durante siglos, las personas han montado camellos para ir de un lugar a otro. Después que los mercaderes compraron a José por 20 piezas de plata, lo llevaron a la tierra de Egipto en sus camellos. Usando Internet o tu biblioteca local, investiga la vida de los camellos. Escribe ocho datos sobre camellos en los cuadros a continuación. Colorea la imagen.

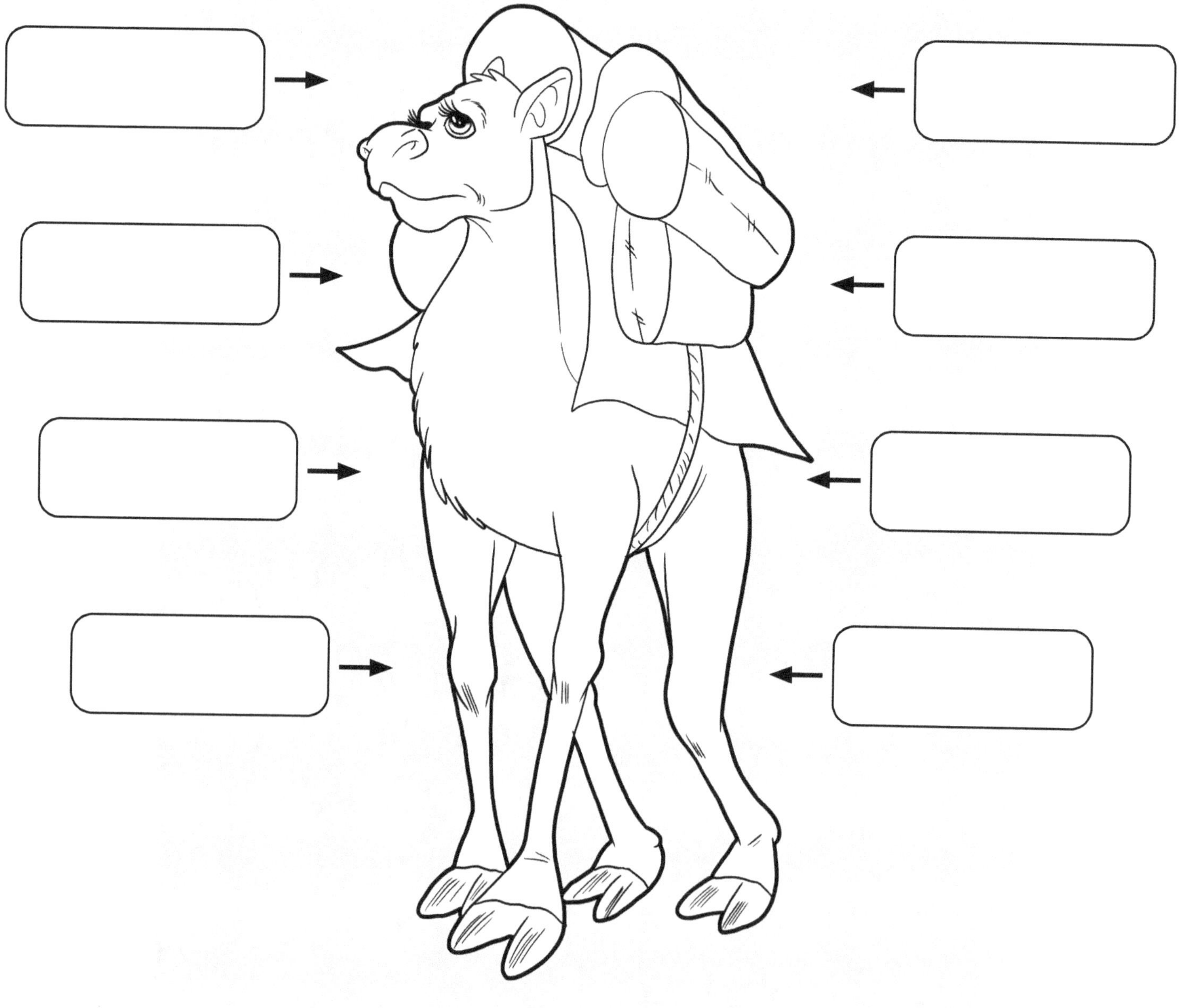

Los mercaderes

Abre tu Biblia y lee Génesis 37:1-36.
Responde las preguntas. Colorea la imagen.

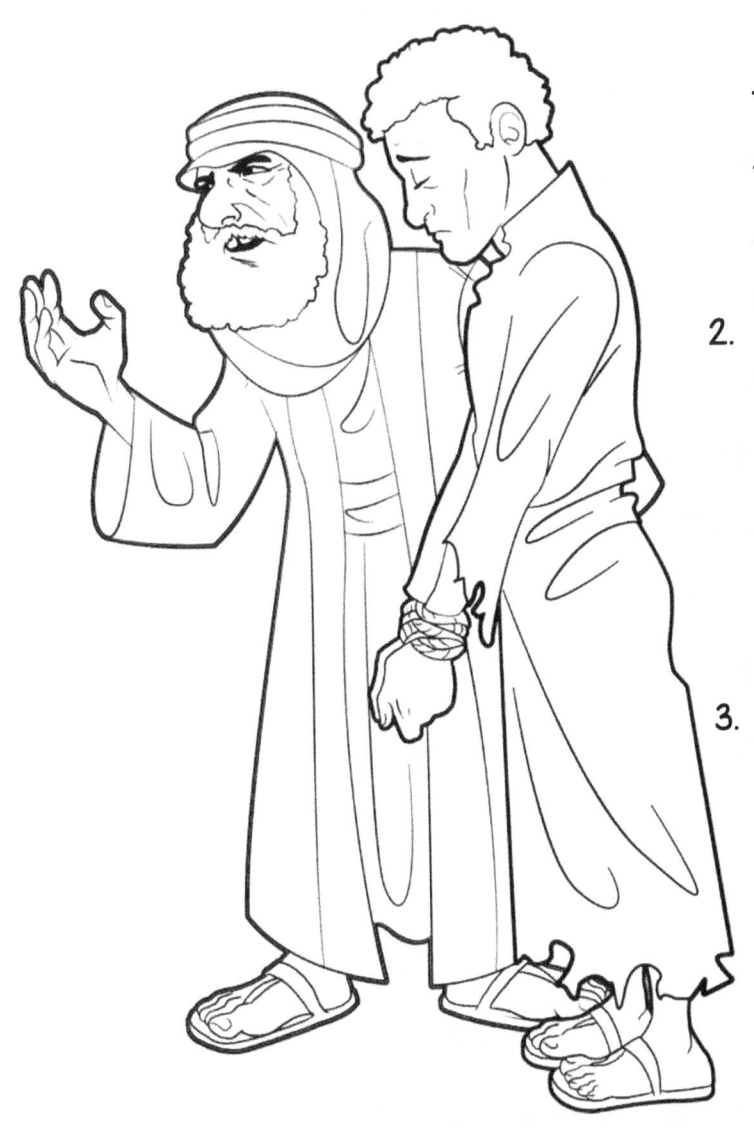

1. ¿Qué llevaban los camellos de los mercaderes?

....

....

....

2. ¿Cuánto pagaron los mercaderes por José?

....

....

....

3. ¿A quién vendieron los mercaderes a José?

....

....

....

A Egipto...

Los hermanos de José lo vendieron como esclavo. Conecta los puntos para mostrar el viaje de José desde la tierra de Canaán a la esclavitud en la tierra de Egipto. ¿Cuáles otros cuatro famosos israelitas también viajaron a Egipto? ¿Cuál es la importancia de Egipto en la Biblia?

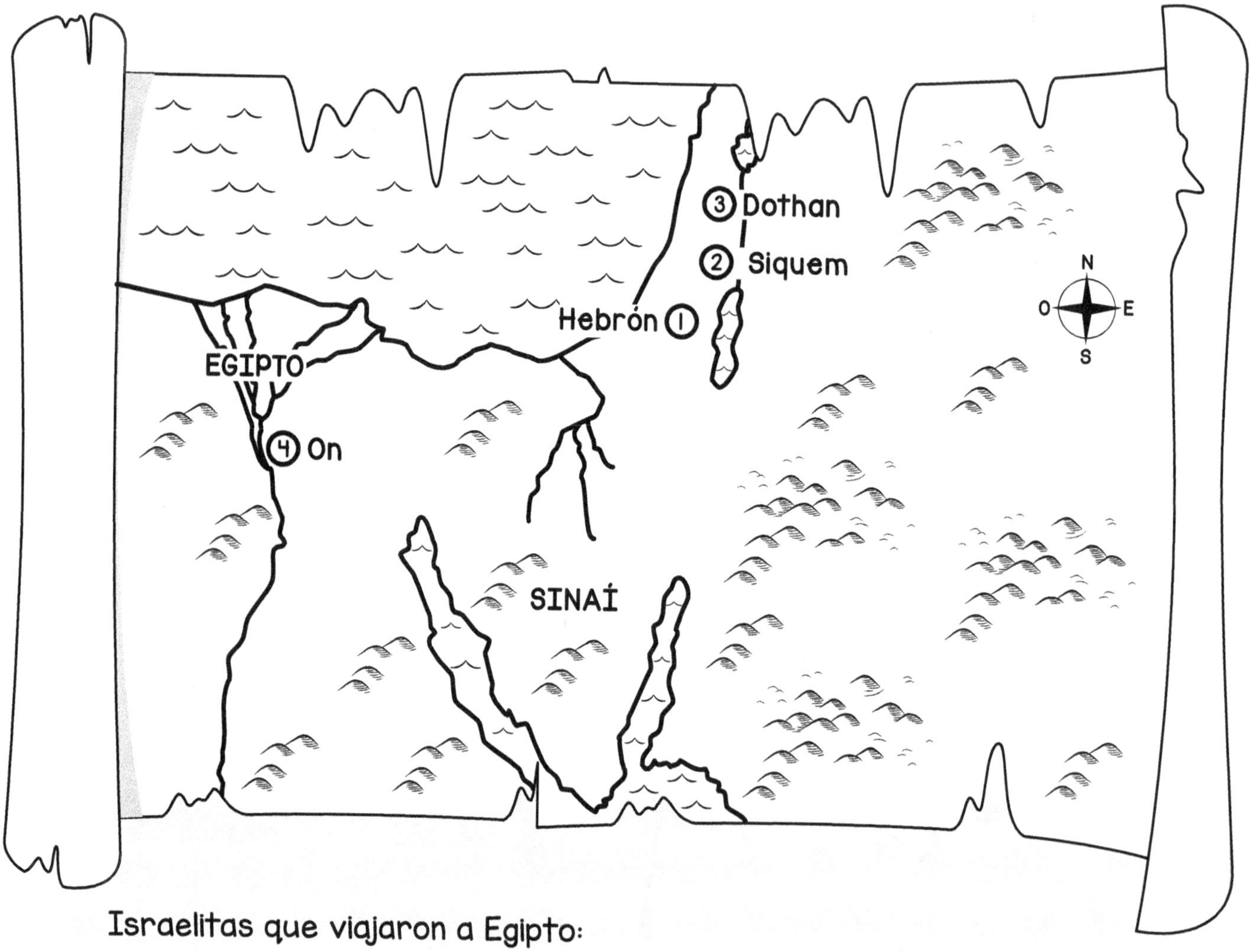

③ Dothan
② Siquem
Hebrón ①
EGIPTO
④ On
SINAÍ
N
O   E
S

Israelitas que viajaron a Egipto:

....

....

....

....

¡Crea tu propio pasaporte!

Los ismaelitas comerciaban con diferentes naciones y pueblos.
Hoy, cuando viajas a otros países, necesitas un pasaporte. ¿A dónde has viajado?
Completa las páginas del pasaporte a continuación.

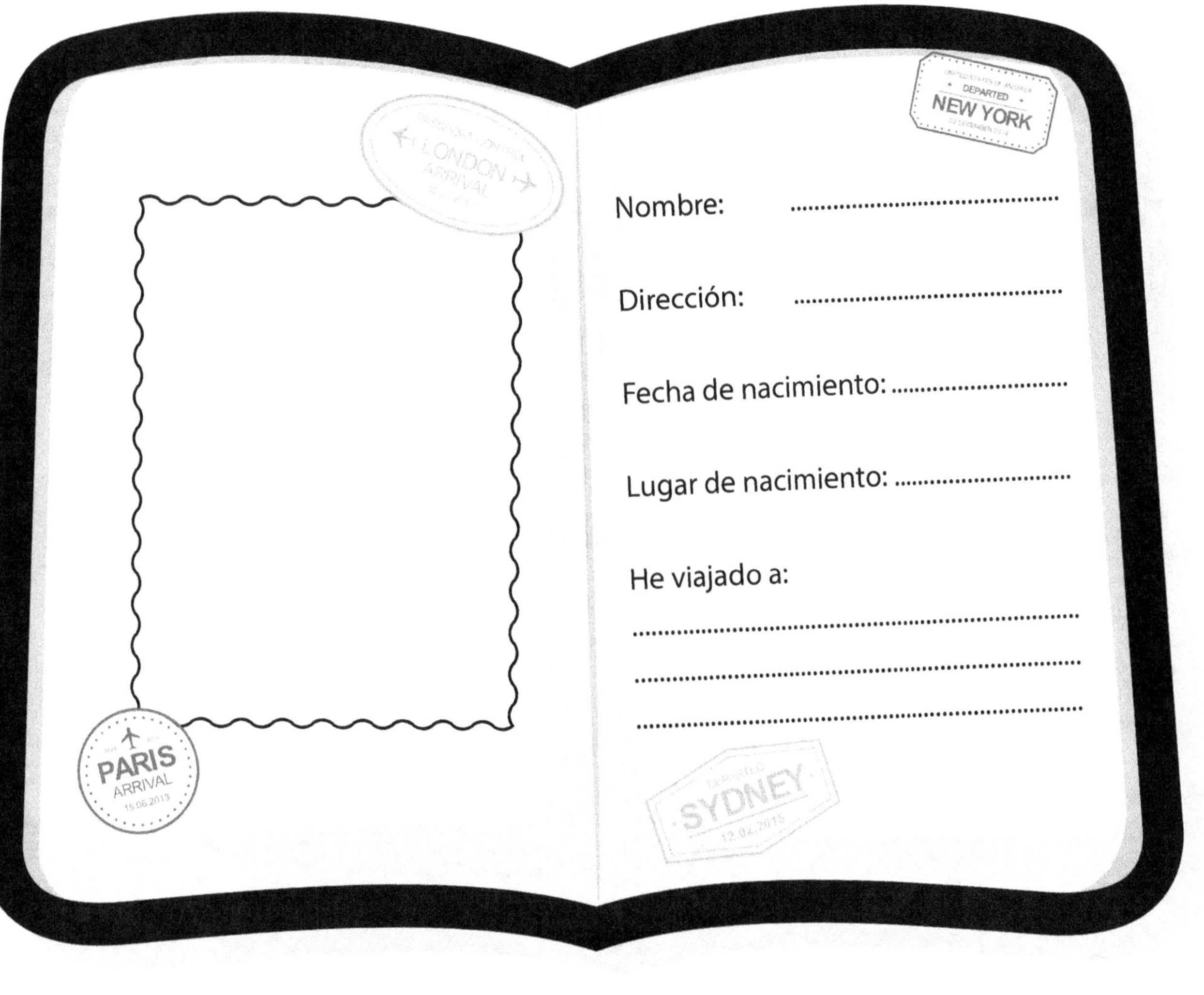
LONDON
ARRIVAL
DEPARTED
NEW YORK
Nombre: ....
Dirección: ....
Fecha de nacimiento: ....
Lugar de nacimiento: ....
He viajado a:
....
....
....
PARIS
ARRIVAL
15.06.2013
SYDNEY
12.02.2015

Vendido como esclavo

José fue vendido a los mercaderes por 20 piezas de plata.
Ayuda a los mercaderes a llegar a la tierra de Egipto.

Canaán

Egipto

Vendido como ESCLAVO

Lee Génesis 37:12-36 (RV1960).
Completa el siguiente crucigrama.

HORIZONTAL

3) Los hermanos empaparon la túnica de José en la sangre de este animal.

4) Los hermanos de José llevaron al rebaño a pastar cerca de este lugar.

6) Los mercaderes llevaron a José a este país.

7) José fue arrojado a un _____.

VERTICAL

1) José fue vendido por _____ piezas de plata.

2) Animal montado por los mercaderes.

3) Jacob se puso _____ en sus hombros para mostrar su luto.

5) Donde José encontró a sus hermanos.

LECCIÓN 3 | Plan de la lección
Los sueños del faraón

Docente:_____

El pasaje de la Biblia de hoy: Génesis 39:1-41:46

Oración de bienvenida:
Rece una simple oración con los niños antes de empezar la lección.

Objetivos de la lección:
En esta lección, los niños aprenderán:
1. Por qué José pasó tiempo en prisión
2. El significado de los dos extraños sueños del faraón

¿Lo sabías?
El nuevo nombre egipcio de José era Tzafnat-Pa'neach, que significaba "descifrador de códigos" o "descifrador de secretos".

Resumen de la lección de la Biblia:
José trabajó para Potifar durante muchos años. Dios lo ayudó a tener éxito en todo lo que hizo. Pero había un problema. La esposa de Potifar quería acostarse con él. José se negó. "Esto está mal. ¿Cómo puedo pecar contra Dios?", él dijo. Entonces, ella acusó a José de atacarla. Potifar le creyó a su esposa y echó a José en prisión por muchos años. Allí, ayudó al mayordomo y al panadero del faraón a entender sus sueños. Dos años después, el faraón tuvo dos sueños extraños. En un sueño vio siete vacas gordas y siete vacas flacas. En otro sueño, vio siete espigas gordas y siete espigas delgadas. Le pidió a José que le explicara sus sueños. José le dijo al faraón que habría siete años buenos de comida y siete años malos de hambre. El faraón apreciaba a José. "¡Hazlo gobernador sobre la tierra de Egipto!", él dijo.

Repasemos:

Preguntas para hacer a sus estudiantes:

1. ¿Por qué la esposa de Potifar acusó falsamente a José de atacarla?
2. Explica el significado de los sueños del panadero y el mayordomo.
3. Describe los dos extraños sueños del faraón.
4. ¿Qué hizo José para ayudar al faraón?
5. ¿Al faraón le gustaba o no le gustaba José? ¿Cómo lo sabes?

Un versículo de memoria para ayudar a los niños a recordar la Palabra de Dios:

"Tú estarás sobre mi casa, y por tu palabra se gobernará todo mi pueblo…"

(Génesis 41:40).

Actividades:

Hoja de trabajo: Capitán de la Guardia
Pregunta y colorea: José rechaza a la esposa de Potifar
Cuestionario de la Biblia: José en la prisión
Página para colorear: José explica dos sueños
Sopa de letras de la Biblia: Los sueños del faraón
Artesanía de la Biblia: Cadenas de papel
Hoja de trabajo: Faraón, rey de Egipto
Hoja de trabajo de periódico: El Tiempo de Egipto
Hoja de trabajo de comprensión: Sueños de los antiguos egipcios
Hoja de trabajo: Frasco de los sueños del faraón
Palabras desordenadas de la Biblia: ¿Cómo el faraón recompensó a José?
Hoja de trabajo: Si fuera el faraón por un día
Hoja de trabajo para colorear: Faraón
Hoja de trabajo: Sueños de la Biblia

Oración final:

Termine la lección con una pequeña oración.

Capitán de la Guardia

En la época de José, Potifar era uno de los oficiales del faraón y capitán de la Guardia. Era responsable de la seguridad del faraón y supervisaba la prisión real donde se encarcelaba a las personas sentenciadas a prisión por el faraón o por un funcionario. Como capitán de la Guardia, estaba entre los funcionarios de mayor confianza del faraón y se le otorgó alta autoridad sobre la tierra de Egipto.

Potifar compró a José como esclavo de los mercaderes madianitas. Cuando Potifar vio que José era bendecido y exitoso en todo lo que hacía, lo puso a cargo de toda su propiedad. Mientras José trabajaba para Potifar, Potifar fue bendecido en su casa y en sus campos (Génesis 39:5).

La esposa de Potifar eventualmente notó que José era guapo. Ella intentó seducirlo, pero Joseph rechazó sus avances muchas veces. Un día, ella lo agarró por la prenda y trató de seducirlo nuevamente. Pero José se negó y huyó de la casa. Cuando Potifar llegó a casa, ella le dijo que José había intentado acostarse con ella. Potifar le creyó a su esposa e hizo arrojar a José a la prisión real. Sin embargo, José floreció en la prisión y el administrador eventualmente le dio autoridad a José sobre los otros prisioneros.

I. ¿Cómo llegó José a la casa de Potifar?

....

2. ¿Por qué José fue arrojado a la prisión?

....

¡Colorea a Potifar!

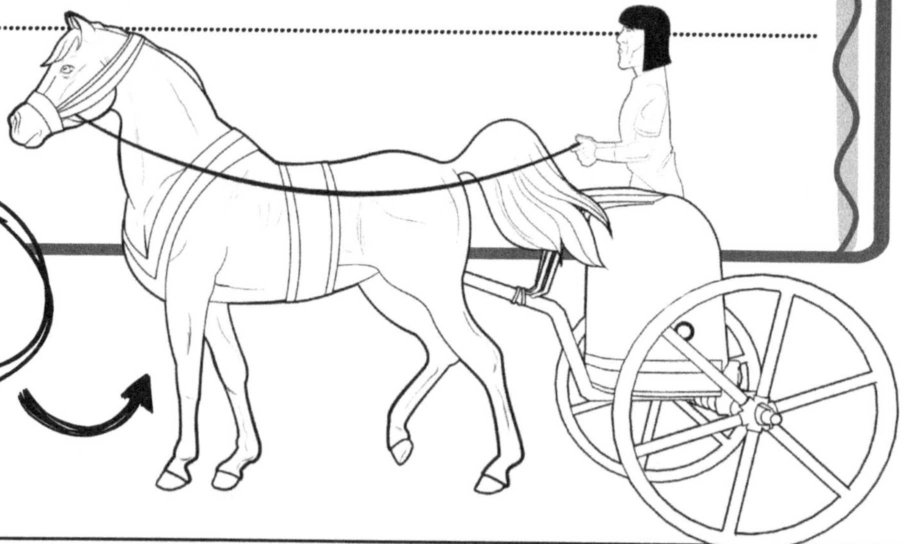

José rechaza a la esposa de Potifar

Abre tu Biblia y lee Génesis 39:1-20.
Responde las preguntas. Colorea la imagen.

1. ¿Por qué José rechazó a la esposa de Potifar?

....

....

....

2. ¿Por qué José huyó de la casa?

....

....

....

3. ¿Por qué estaba enfadado Potifar?

....

....

....

José en la PRISIÓN

Lee Génesis 39:1-41:14. Responde las siguientes preguntas.

1. ¿Quién era el amo de José en Egipto?

2. ¿Por qué José fue llevado a prisión?

3. ¿Quién puso a José a cargo de todos los otros prisioneros?

4. ¿Qué dos sirvientes del faraón fueron arrojados a la prisión?

5. ¿Quién soñó con una viña con tres ramas?

6. ¿Quién soñó con tres cestas de pan sobre su cabeza?

7. ¿Quién ayudó a los hombres a entender sus sueños?

8. ¿A quién el faraón sentenció a muerte?

9. ¿Al lado de cuál río el faraón se paró en su primer sueño?

10. ¿Quién le habló al faraón sobre José?

"¿No son de Dios las interpretaciones? Contádmelo ahora."

(Génesis 40:8)

Los sueños del FARAÓN

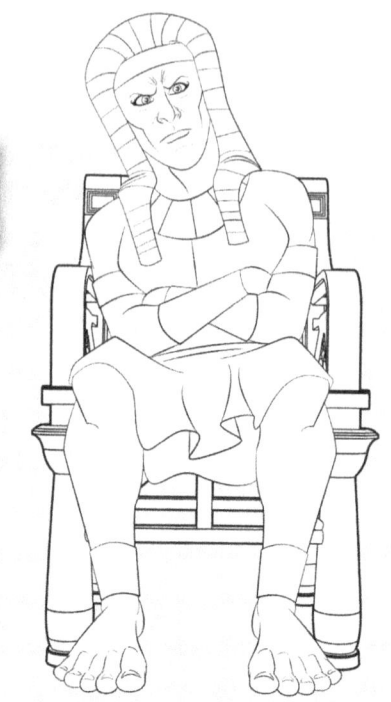

Lee Génesis 41:1-52.
Encuentra y encierra en un círculo las siguientes palabras.

```
S  V  J  C  O  F  N  W  H  Z  O  K  V  S  B
H  I  A  O  E  W  W  R  F  T  R  P  A  G  Y
C  A  R  C  V  S  W  D  K  L  T  K  C  R  S
F  K  M  V  A  D  Q  D  N  S  R  H  A  D  U
U  A  J  B  I  S  E  R  O  N  U  A  S  M  E
W  Y  R  B  R  E  S  Q  H  U  O  M  E  I  Ñ
C  K  A  A  Z  U  N  A  Z  Y  L  B  N  G  O
F  B  Y  R  Ó  X  N  T  N  E  T  R  F  R  P
I  T  S  K  C  N  E  A  E  A  F  E  E  L  V
O  R  I  L  L  A  T  R  N  C  S  X  R  J  I
Z  D  S  U  F  I  C  I  E  N  T  E  M  O  C
D  P  H  R  F  Q  C  N  H  E  N  C  Á  S  U
G  S  L  M  I  W  L  O  J  X  D  I  S  É  A
H  O  M  B  R  E  S  A  B  I  O  F  S  S  Z
Z  R  F  I  W  C  I  E  G  R  A  N  O  U  N
```

GRANO

ORILLA

VACAS SANAS

FARAÓN

VACAS ENFERMAS

JOSÉ

HAMBRE

SUFICIENTE

SUEÑO

HAMBRUNA

SIRVIENTE

HOMBRE SABIO

Manualidad de cadenas de papel

Necesitarás:

1. Papel de construcción gris o negro
2. Tijeras (solo adultos)
3. Pegamento escolar o cinta adhesiva

Instrucciones:

1. Corta diez tiras de papel de construcción. Cada tira debe ser de dos pulgadas de ancho y diez pulgadas de largo.
2. Toma una tira de papel de construcción, forma un aro (eslabón) y une sus extremos con cinta adhesiva o pegamento.
3. Pasa la siguiente tira de papel de construcción a través del aro y une sus extremos igual con cinta o pegamento, para formar una "cadena".
4. Repite el proceso hasta que tengas una larga cadena de tiras de papel.

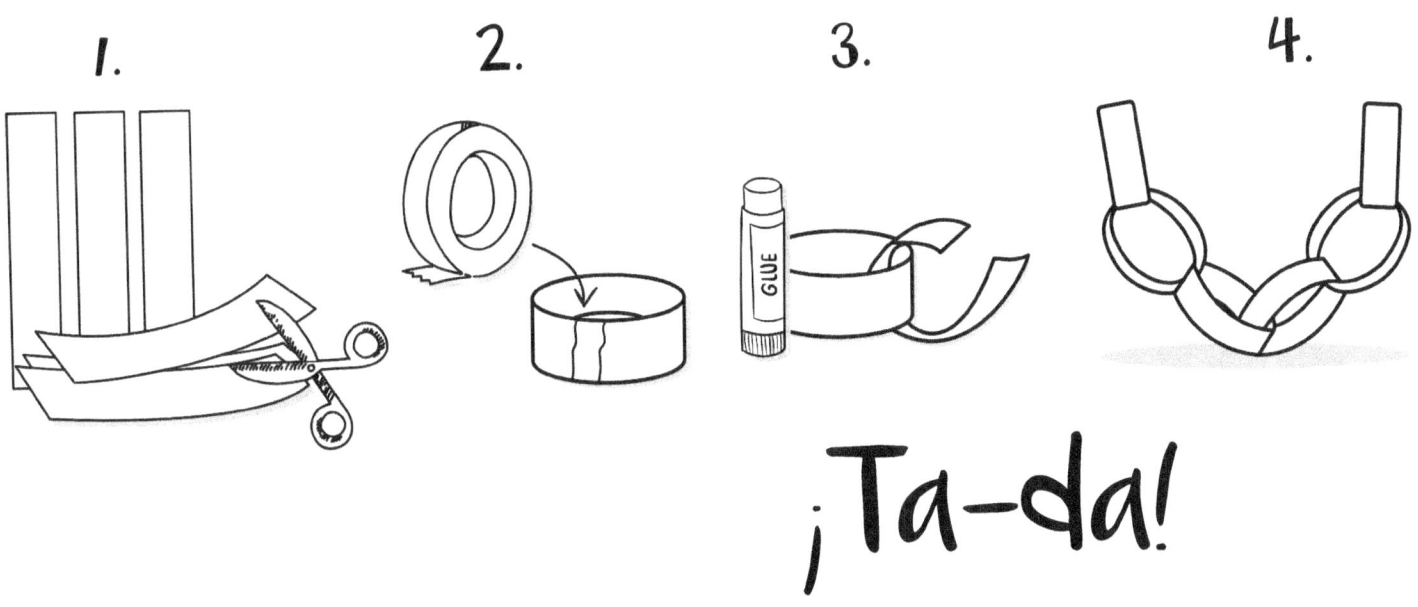

Faraón, rey de Egipto

Los faraones eran los reyes del antiguo Egipto y los sumos sacerdotes de todos los templos. Eran considerados los líderes del gobierno y la religión. Su trabajo era cuidar de la gente. Vivían en grandes complejos palaciegos que incluían templos para adorar a los dioses y edificios diseñados para albergar la sede del poder. Los edificios del palacio estaban hechos de barro y ladrillos secados al sol, mientras que los templos estaban hechos de piedra. Estos complejos incluían almacenes, viviendas, jardines y obras de arte. Debido a que el complejo del palacio siempre estaba ocupado, sus edificios principales generalmente eran seguros. Sin embargo, a menudo se robaban objetos valiosos de los templos, incluidas sus piedras.

Cada palacio tenía una ventana que se usaba para las apariciones públicas. El faraón aparecía en esta ventana para las ceremonias y para dar la bienvenida a los visitantes extranjeros. Cuando un nuevo faraón llegaba al poder, a veces construían un nuevo complejo palaciego para ellos mismos, si así lo deseaban, porque eran dueños de todo en Egipto para poder hacer lo que quisieran. Cada pedazo de tierra, casa, animal, joyería, estatua, persona, ropa, templo, almacén y tumba pertenecía a un faraón.

Los libros de Génesis, Éxodo, 1 y 2 Reyes e Isaías mencionan a faraones. ¿Por qué eran famosos estos faraones?

¿Lo sabías?

Los faraones usaban barbas falsas, usualmente hechas de metal.

....
....
....
....
....
....
....

Ciudad de Ramsés

El Tiempo de Egipto

GÉNESIS 41   TIERRA DE EGIPTO   UNA PUBLICACIÓN DE HISTORIA DE LA BIBLIA

Prisionero hebreo liberado

....

....

....

....

....

....

¡Sueños del faraón explicados!

....

....

....

....

Escasez de burros

Sueños de los antiguos egipcios

Este artículo explica la importancia de los sueños para los antiguos egipcios.
Lee el texto y responde las preguntas en la siguiente página.

Sueños

En el antiguo Egipto, los sueños se consideraban predicciones divinas del futuro. Los egipcios usaban sus sueños para curar enfermedades, tomar decisiones importantes e incluso para decidir dónde construir un templo o cuándo pelear una batalla. Los sueños eran mensajes de los dioses que presagiaban desastres o buena fortuna. Por ejemplo, un pozo profundo representaba una prisión, una luna brillante significaba perdón y un gato grande simbolizaba una cosecha abundante.

Los egipcios a menudo pedían a sacerdotes, magos o intérpretes de sueños profesionales que los ayudaran a comprender sus sueños. Pero estos intérpretes no siempre estaban de acuerdo y, a veces, a los sueños similares se les daban significados diferentes. Los egipcios estaban tan interesados en el significado de sus sueños que incluso tenían templos como el Templo de Horus en Edfu, donde se acostaban en "camas de ensueño" y esperaban tener un sueño sobre consejos, consuelo o curación.

Muchos sueños se registraron en trozos de papiro conocidos como "libros de sueños". De estos libros sabemos que algunas imágenes comunes incluían romper piedras, dientes que se caen, ahogarse en el Nilo, beber cerveza caliente y comer pan blanco. Uno de estos libros de sueños fue descubierto en el pueblo de Deir el-Medina, cerca del Valle de los Reyes. Contenía una lista de sueños que describían actividades como machacar, elaborar cerveza, tejer, pasear, remover y enyesar. Estos registros de sueños muestran la importancia que los egipcios les daban a los sueños. ¡Con razón el faraón se complació cuando José le explicó sus dos sueños!

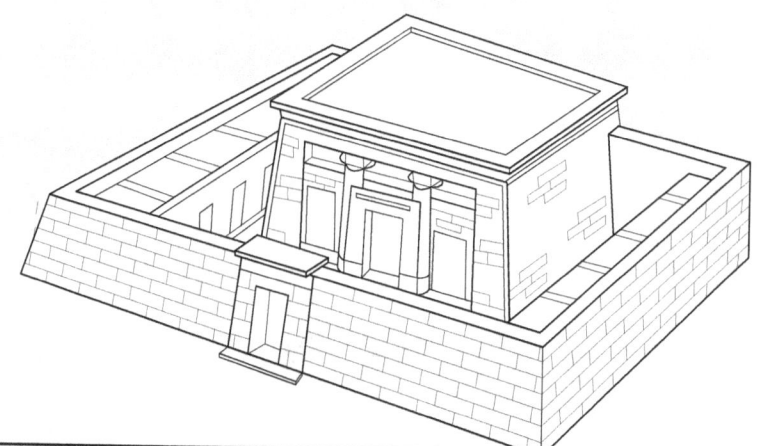

Sueños de los antiguos egipcios

Objetivo de la misión: Entender la importancia de los sueños para los antiguos egipcios.

Lee cada pregunta y escribe tus respuestas en las líneas.

¿Cómo los egipcios usaban los sueños?

_____

_____

_____

¿Por qué los egipcios se acostaban en una "cama de sueños"?

_____

_____

_____

_____

¿Quién le dio a José el entendimiento para explicar los sueños del faraón?

_____

_____

_____

_____

_____

_____

¿Qué puedes encontrar dentro de un "libro de sueños"?

_____

_____

_____

_____

Frasco de los sueños del faraón

Lee Génesis 41:1-52. El faraón tuvo dos sueños que no entendía.
Por suerte, ¡José estaba allí para ayudarlo entender esos sueños! En cada frasco dibuja
uno de los sueños del faraón. Explícale a alguien el significado de los sueños del faraón.

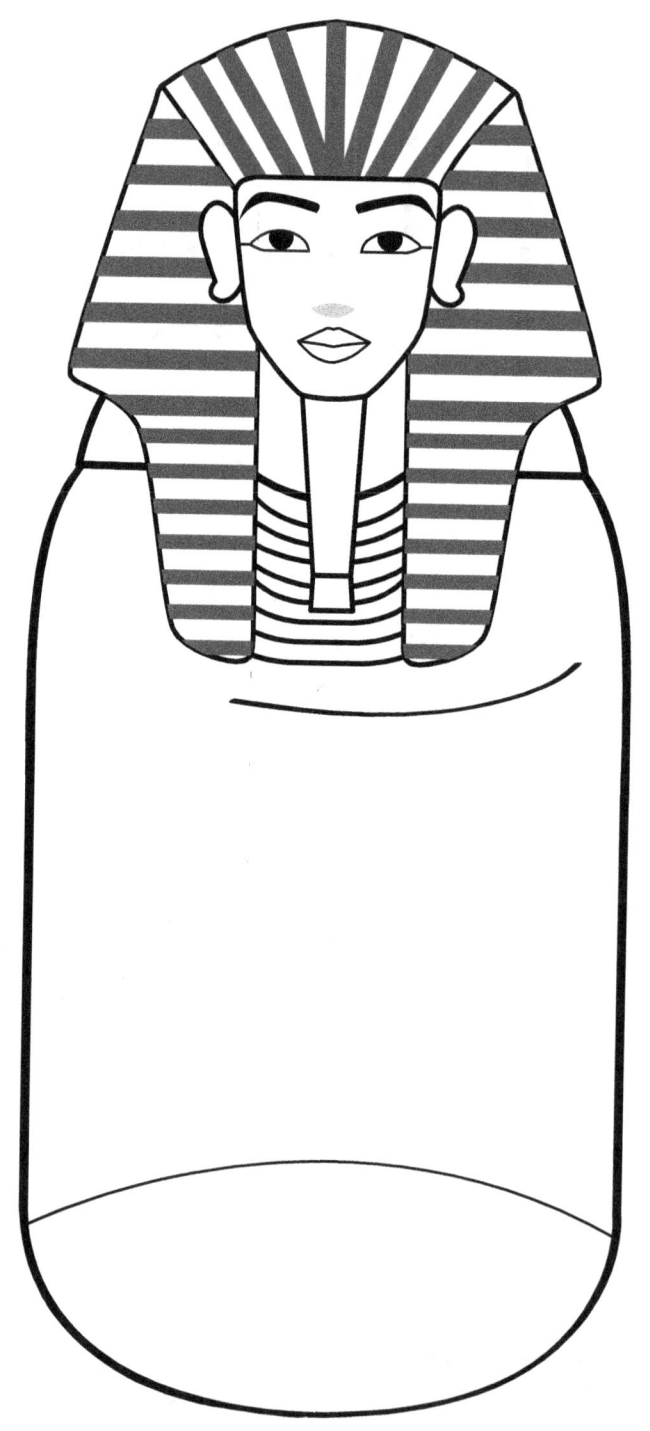

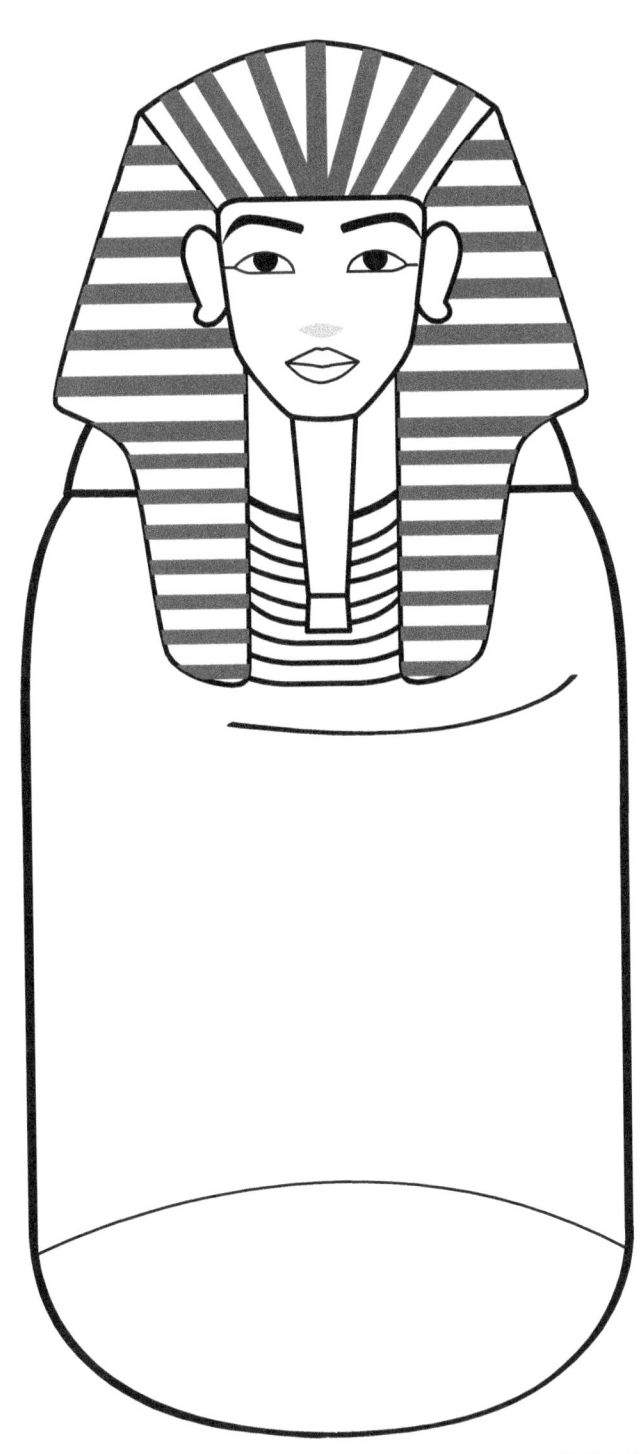

¿Cómo el faraón recompensó a José?

Ordena las palabras para encontrar la respuesta. *Pista: Lee Génesis 41:41 (RV1960)*

" joDi le ranóaf a soJé:

_____

qíua oy et he uestop

_____

breso dota al tirrae ed

_____

Etogip. "

_____

Si fuera faraón por un día

¿Qué cambiarías? ¿Cómo servirías a tu pueblo?
Escribe tus ideas en el siguiente pergamino.

....
....
....
....
....
....
....
....
....
....

¿Qué harías
si fueras faraón
por un día?

Faraón

Lee Génesis 41:46 y escribe el versículo de la Biblia a continuación.

....

....

....

1. ¿Sobre qué tierra gobernó el faraón?

....

....

2. ¿Por qué el faraón nombró a José gobernador de Egipto?

....

....

3. ¿Qué regalos le dio el faraón a José?

....

....

Dibuja tu escena favorita de Génesis 41.

¿Cuánto grano almacenó José?	Nombra a los hijos de José
....	....
....	....

Sueños de la Biblia

Lee Génesis 37:5-11, 40:1-19 y 41:1-36.

Empareja cada palabra en la parte de abajo de la página con la imagen correcta.

Describe los sueños mencionados en cada pasaje de la Biblia.

Trigo

Sol, luna, estrellas

Uvas

Vacas

Pan

Grano

LECCIÓN 4 | Plan de la lección
La copa de plata

Docente:_____

El pasaje de la Biblia de hoy: Génesis 41:53-44:17

Oración de bienvenida:
Rece una simple oración con los niños antes de empezar la lección.

Objetivos de la lección:
En esta lección, los niños aprenderán:
1. Por qué los hermanos de José viajaron a la tierra de Egipto
2. Cómo José puso a prueba a sus hermanos

¿Lo sabías?
En Egipto, hay un antiguo canal artificial cerca de Medinet-el-Faiyum, conocido como "Bahr Yusuf". Esto se traduce del árabe aproximadamente como "vía fluvial de José".

Resumen de la lección de la Biblia:
Debido a la hambruna, los hermanos de José fueron a Egipto a comprar grano. Cuando vieron a José, dijeron: "Necesitamos alimentos para nuestras familias". Ninguno de ellos reconoció a José en sus finas ropas egipcias. Pero él sí los reconoció de inmediato. Les dio grano y los envió a casa. Pero retuvo a Simeón en Egipto para que los demás regresaran con Benjamín. Más tarde, los hermanos regresaron a Egipto con Benjamín, y con regalos para José. Después de que José comió con sus hermanos, escondió una copa de plata en el saco de grano de Benjamín. Quería poner a prueba a sus hermanos para ver si su comportamiento había cambiado. Cuando el sirviente encontró la copa, preguntó: "¿Por qué robaste la copa de plata de mi amo?". Los hermanos estaban asustados. "Nosotros no robamos esta copa. ¡¿Qué nos pasará?!", lloraron. Se apresuraron a ir a la ciudad para encontrarse con José.

Repasemos:

Preguntas para hacer a sus estudiantes:

1. ¿Por qué los hermanos de José viajaron a Egipto?
2. ¿Por qué José retuvo a Simeón como su prisionero?
3. ¿Qué regalos trajeron los hermanos de José la segunda vez que vinieron a Egipto?
4. Durante la comida, ¿cómo se sentaron los hermanos de José? ¿Qué hizo José por Benjamín?
5. ¿Qué pasó cuando el sirviente encontró la copa de plata en el saco de grano de Benjamín?

Un versículo de memoria para ayudar a los niños a recordar la Palabra de Dios:

"Y José era el señor de la tierra, quien le vendía a todo el pueblo de la tierra" (Génesis 42:6).

Actividades:

Cuestionario de la Biblia: Los hermanos de José

Hoja de trabajo: Comida en Canaán

Pregunta y colorea: Los hermanos de José en Egipto

Manualidad de la Biblia: ¿Espías en Egipto?

Hoja de trabajo: Regalos para José

Hoja de trabajo: ¿Cuál es la palabra?

Hoja de trabajo: Escribe tu nombre en jeroglíficos

Hoja de trabajo de comprensión: ¿José construyó un canal?

Hoja de trabajo: ¡Nos encantan los burros!

Hoja de trabajo: Regreso a Egipto

Hoja de trabajo: Una comida especial

¡Dibujemos! La copa de plata

Oración final:

Termine la lección con una pequeña oración.

Los hermanos DE JOSÉ

Lee Génesis 42:1-44:17. Responde las siguientes preguntas.

1. ¿Por qué los hermanos de José fueron a Egipto?

2. ¿Quién era el gobernador de Egipto?

3. En su primer encuentro, ¿de qué acusó José a sus hermanos?

4. ¿A quién mantuvo José como su prisionero?

5. ¿Qué animal llevó el grano de los hermanos de vuelta a Canaán?

6. ¿Qué encontraron los hermanos en sus sacos de grano?

7. En su segunda visita a Egipto, ¿qué regalos le dieron los hermanos a José?

8. En la comida, ¿cuánta más comida se le sirvió a Benjamín?

9. ¿Dónde escondió José su copa de plata?

10. ¿Qué hicieron los hermanos cuando un sirviente encontró la copa de plata?

Comida en Canaán

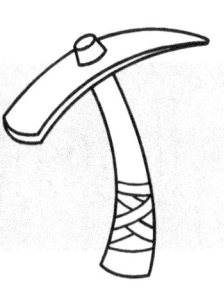

La hambruna es una situación en la que las personas no tienen suficientes alimentos para comer. En la tierra de Canaán, el hambre no era inusual. Los hebreos a menudo experimentaban hambrunas que podían durar muchos años (Génesis 12:10, 41:27 y Jeremías 14:1-6). Durante las hambrunas, la gente tenía tanta hambre que a menudo comía cosas como enredaderas silvestres, cabezas de animales, basura y estiércol de animales.

Los hebreos trabajaron duro para cultivar alimentos para alimentar a sus familias numerosas. Utilizaron artículos como azadones y arados (tirados por bueyes o burros) para romper la tierra y plantar cultivos. Luego se sembraba grano en los campos arados. La siembra se llevaba a cabo a fines del otoño y la cosecha a principios del verano, e involucraba a toda la comunidad. Los principales cultivos eran el trigo, la cebada, las legumbres, los higos, las uvas y el olivo.

¿Qué se cultiva?

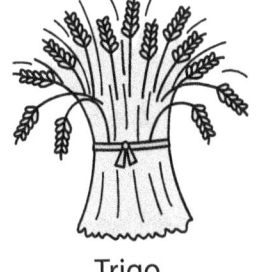
Trigo

Uvas

Olivos

Higos

¿Qué comidas puedes elaborar con trigo?

....

¿Qué comidas y bebidas puedes elaborar con uvas?

....

¿Qué artículos usaron los hebreos para cultivar alimentos?

....

Los hermanos de José en Egipto

Abre tu Biblia y lee Génesis 42.
Responde las preguntas. Colorea la imagen.

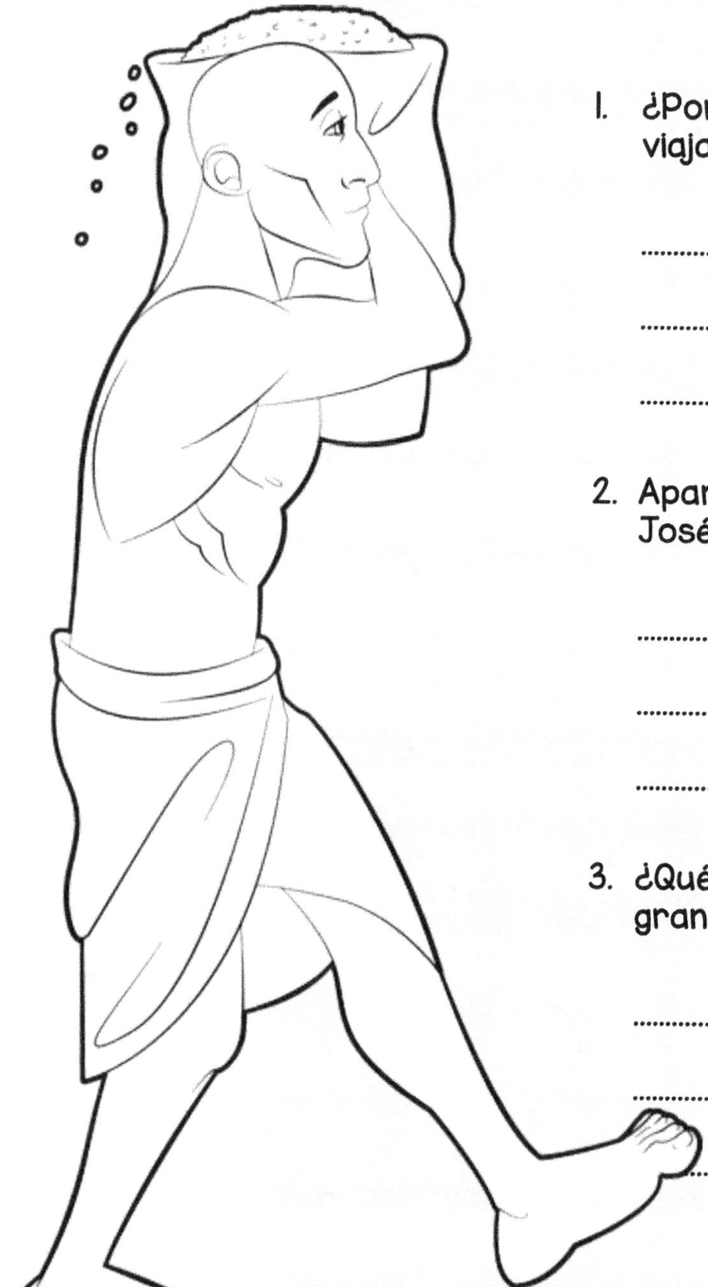

1. ¿Por qué los hermanos de José viajaron a Egipto?

   ....

   ....

   ....

2. Aparte de grano, ¿qué más puso José en los sacos de sus hermanos?

   ....

   ....

   ....

3. ¿Qué animal cargó las bolsas de grano de regreso a Canaán?

   ....

   ....

¿Espías en Egipto?

José acusó a sus hermanos de ser espías. Un espía es alguien que recopila información en secreto e informa a alguien más sobre personas y actividades. ¡Haz un par de binoculares para que puedas ser un espía!

Necesitarás:
1. Dos rollos de papel higiénico
2. Papel blanco o de colores
3. Tijeras (solo adultos)
4. Rotuladores o creyones
5. Pegamento escolar, cinta adhesiva o pegamento en barra
6. Perforador de papel y cuerda/hilo

Instrucciones:

1. Pega un papel blanco o de color alrededor de cada rollo de papel.
2. Docente: pídale a su estudiante que decore cada rollo de papel.
3. Pega los dos rollos juntos usando un trozo de cinta adhesiva en cada extremo.
4. Haz un agujero en el lado exterior de cada tubo. Pasa un hilo o cuerda para crear una correa para el cuello.

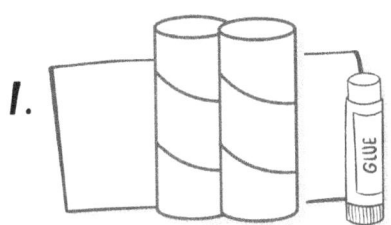

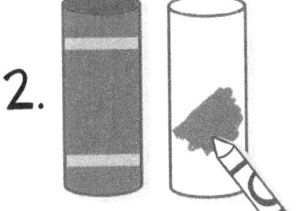

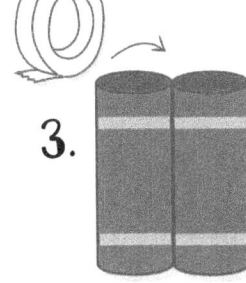

¡Ta-da!

Regalos para José

Jacob les dijo a sus hijos que le llevaran regalos al gobernador de Egipto.
"Lleven… un poco de bálsamo, un poco de miel, especias y mirra, pistachos y almendras…".
Empareja cada palabra de la parte de abajo de la página con la imagen correcta.

Miel

Especias

Mirra

Pistachos

Almendras

Bálsamo

José pone a prueba a sus hermanos

Lee Génesis 44:1-12. Completa los espacios en blanco con las palabras de abajo.

❝ Mandó José al .... de su casa: Llena de alimento los costales de estos varones, cuanto puedan llevar, y pon el dinero de cada uno en la boca de su costal. Y pondrás mi copa de .... en la boca del costal del menor, con el .... de su trigo. Y él hizo como dijo José. Venida la mañana, los hombres fueron despedidos con sus .... Habiendo ellos salido de la ciudad, de la que aún no se habían ...., dijo José a su mayordomo: Sigue a esos hombres; y cuando los alcances, diles: ¿Por qué habéis vuelto mal por bien? ¿Por qué habéis robado mi copa de plata? ¿No es esta en la que bebe mi señor, y por la que suele adivinar? Habéis hecho mal en lo que hicisteis. Cuando él los alcanzó, les dijo estas palabras. Y ellos le respondieron: ¿Por qué dice nuestro señor tales cosas? Nunca tal hagan tus .... He aquí, el dinero que hallamos en la boca de nuestros costales, te lo volvimos a traer desde Canaán; ¿cómo, pues, habíamos de hurtar de casa de tu señor plata ni oro? Aquel de tus siervos en quien fuere hallada la copa, que muera, y aun nosotros seremos siervos de mi señor. Y él dijo: También ahora sea conforme a vuestras palabras; aquel en quien se hallare será mi siervo, y vosotros seréis sin culpa. Ellos entonces se dieron prisa, y derribando cada uno su .... en tierra, abrió cada cual el costal suyo. Y buscó; desde el .... comenzó, y acabó en el menor; y la copa fue hallada en el costal de Benjamín. ❞

MAYORDOMO   DINERO
MAYOR   SIERVOS
ALEJADO   COSTAL
PLATA   ASNOS

¡Escribe tu nombre en jeroglíficos!

a		h		o		v	
b		i		p		w	
c		j		q		x	
d		k		r		y	
e		l		s		z	
f		m		t		Niño	
g		n		u		Niña	

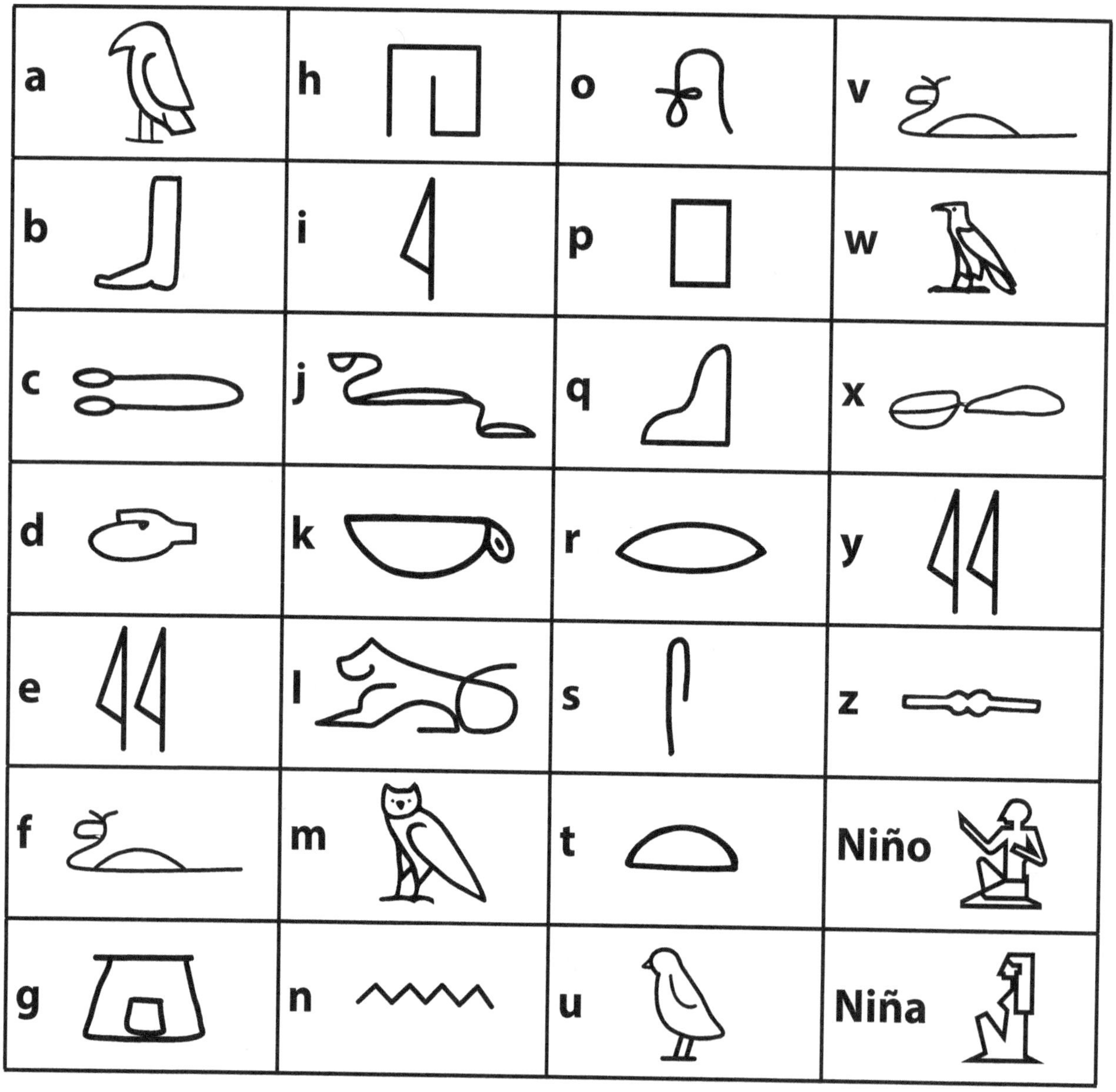

Los jeroglíficos egipcios eran el sistema de escritura formal usado en el antiguo Egipto. Escribe tu nombre en jeroglíficos:

¿José construyó un canal?

¿Sabías que todavía hay señales de la influencia de José en la tierra de Egipto? Por ejemplo, la ciudad oasis de Medinet-el-Faiyum, situada a 80 millas al sur de El Cairo, está rodeada de exuberantes jardines gracias a un antiguo canal llamado Bahr Yusuf. En árabe, "Bahr Yusuf" se traduce aproximadamente como "la vía fluvial de José".

Un ingeniero estadounidense llamado Francis Cope Whitehouse descubrió Bahr Yusuf a fines del siglo XIX mientras investigaba la fuente de agua de un pequeño lago de agua dulce (lago Qarun). Descubrió las ruinas de antiguas presas, zanjas y acueductos, y un sistema de canales paralelo al río Nilo con varios cientos de kilómetros. El ingeniero también encontró evidencia de que la gran depresión de el-Faiyum se convirtió en un lago artificial desde el cual se alimentó al Nilo con agua almacenada en años de escasez. Las leyendas locales atribuyen la construcción del lago a José. Haz clic aquí para obtener más información sobre este canal: https://tinyurl.com/58ttwkhj.

1. En árabe, ¿"Bahr Yusuf" se traduce aproximadamente cómo?

2. ¿Qué descubrió Francis Cope Whitehouse a finales del siglo XIX?

¡Colorea a José!

¡Nos encantan los burros!

En tiempos bíblicos, los egipcios y los hebreos (incluidos los hermanos de José) usaban burros, o asnos, para transportar mercancías de un lugar a otro. Los burros son animales muy útiles y merecen nuestro respeto. Etiqueta las partes de un burro. Escribe tres datos divertidos sobre los burros en el espacio a continuación. Colorea el burro.

1. orejas	3. ojo	5. boca	7. pezuña
2. crin	4. nariz	6. pata	8. cola

¡Datos divertidos sobre los burros! ➡

....

....

....

Regreso a Egipto

Si esta historia fuera un libro, la portada se vería así...

Escribe los nombres de los 11 hermanos de José.

Imagina que eres Benjamín. ¿Qué hiciste cuando encontraron la copa de plata en tu saco?

Dibuja un mapa del viaje de Canaán a Egipto.

Una comida especial

"Y lavó su rostro y salió, y se contuvo, y dijo: Poned pan. Y pusieron para él aparte, y separadamente para ellos, y aparte para los egipcios que con él comían; porque los egipcios no pueden comer pan con los hebreos, lo cual es abominación a los egipcios… Y José tomó viandas de delante de sí para ellos; mas la porción de Benjamín era cinco veces mayor que cualquiera de las de ellos" (Génesis 43:31-34).

José invitó a sus hermanos a comer. ¿Qué comida crees que comieron José y sus hermanos? A los antiguos egipcios les encantaba comer ajo, junto con vegetales verdes, lentejas, higos, dátiles, cebollas, pescado, aves, huevos, queso y mantequilla. El pan se endulzaba con dátiles, miel o higos, y se elaboraba con cebada y trigo. La cerveza era la bebida más común en el antiguo Egipto. El pescado se comía después de ser asado o secado y salado. Dibuja una selección de comida típica egipcia en la mesa y los platos de abajo.

La copa de plata

José les dijo a sus sirvientes: "Llenen los costales de mis hermanos con toda la comida que puedan llevar. Escondan mi copa de plata en el saco de Benjamín". A la mañana siguiente, los hermanos partieron hacia la tierra de Canaán. Pero no llegaron muy lejos. José envió a un sirviente tras ellos para acusarlos de robar su copa de plata. Uno por uno, el sirviente revisó sus sacos de comida. Dentro del saco de Benjamín encontró la copa que faltaba.

Dibuja tu escena favorita de Génesis 44:1-31. ¡Usa tu imaginación!

LECCIÓN 5 | Plan de la lección
José y su familia

Docente:_____

El pasaje de la Biblia de hoy: Génesis 45:1-46:34

Oración de bienvenida:
Rece una simple oración con los niños antes de empezar la lección.

Objetivos de la lección:
En esta lección, los niños aprenderán:
1. Cómo José se reunió con sus hermanos
2. Cómo la familia de José se mudó a la tierra de Egipto

¿Lo sabías?
Cuando los israelitas se fueron de la tierra de Egipto cientos de años después, se llevaron con ellos los huesos de José (Josué 24:32).

Resumen de la lección de la Biblia:
José se paró frente a sus hermanos. "Yo soy José", dijo. "¿Mi padre sigue vivo?". Los hermanos estaban asustados. ¿Los castigaría José por traicionarlo hace tantos años? Pero José amaba a sus hermanos. "Era el plan de Dios que yo viniera a Egipto. Me envió aquí para salvar vidas", les dijo. Cuando el faraón se enteró de la familia de José, le dijo a José: "Tráelos de vuelta a Egipto para que vivan. Proporcionaré mis carros para el viaje. Prometo darles la mejor tierra de Egipto". Algún tiempo después, Jacob (Israel) y su familia llegaron a Egipto. Cuando Jacob vio a José, lloró: "Ahora puedo morir en paz. ¡He visto que mi hijo está vivo!". Y el faraón cumplió su promesa. Le dio a la familia de José la mejor tierra de Egipto, la tierra de Gosén.

Repasemos:

Preguntas para hacer a sus estudiantes:

1. ¿Por qué crees que los hermanos de José estaban asustados?
2. ¿Por qué José no estaba enfadado con sus hermanos?
3. ¿Cómo ayudó el faraón a que la familia de José se mudara a Egipto?
4. ¿Quién viajó a la tierra de Egipto con Jacob?
5. ¿Cómo reaccionó José cuando vio a su padre?

 ## Un versículo de memoria para ayudar a los niños a recordar la Palabra de Dios:

"Y Dios me envió delante de vosotros, para preservaros posteridad sobre la tierra, y para daros vida por medio de gran liberación" (Génesis 45:7).

 ## Actividades:

Cuestionario de la Biblia: José se reúne con su familia

Página para colorear: Génesis 45:5

Hoja de trabajo: Jacob va a Egipto

Página para colorear: El faraón

Crucigrama de la Biblia: La familia de José se muda a Egipto

Hoja de trabajo: Las doce tribus de Israel

Laberinto: Viaje a Egipto

Hoja de trabajo: Pueblos del antiguo Cercano Oriente

Aprendamos hebreo: Jacob

Hoja de trabajo: Un hogar egipcio

Hoja de trabajo de comprensión: ¿Descubrimiento de la tumba de José?

Pendones: Los Hijos de Israel (Génesis 35:22-26)

 ## Oración final:

Termine la lección con una pequeña oración.

José se reúne con SU FAMILIA

Lee Génesis 45:1-47:31. Responde las siguientes preguntas.

1. ¿Qué les dijo José a sus hermanos en Génesis 45:3?

2. ¿Cuánto tiempo duró la hambruna en la tierra de Egipto?

3. ¿Qué les dio José a sus hermanos para que llevaran a la tierra de Canaán?

4. ¿Qué le dijo Dios a Israel en Beerseba?

5. ¿Cuántas personas de la casa de Israel se fueron a Egipto?

6. ¿A quién envió Israel delante de él para encontrarse con José?

7. ¿Qué le dijo Israel a José cuando se encontraron?

8. ¿Qué trabajo tenían los hermanos de José?

9. ¿En dónde vivió la familia de José en Egipto?

10. ¿Qué edad tenía Israel cuando murió?

"...no os entristezcáis, ni os pese de haberme vendido acá; porque para preservación de vida me envió Dios delante de vosotros."

(Génesis 45:5)

Jacob va a Egipto

¿Las afirmaciones de abajo son CIERTAS o FALSAS? Lee Génesis 45:1-47:12 (RV1960).
Encierra en un círculo la casilla correcta.

En Beerseba, Jacob ofreció sacrificios a los dioses del faraón	CIERTO	FALSO
80 personas de la Casa de Jacob se mudaron a Egipto	CIERTO	FALSO
Jacob envió a Aser delante de él para encontrar a José	CIERTO	FALSO
Jacob y su familia se establecieron en la tierra de Gosén	CIERTO	FALSO
Jacob tenía 130 años de edad cuando conoció al faraón	CIERTO	FALSO
Jacob le dio a su familia una buena educación	CIERTO	FALSO

¿Por qué crees que cada pastor era una abominación para los egipcios?
(Génesis 46:34)

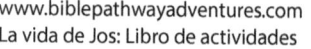

El faraón

El faraón era el rey de Egipto. Llevaba una corona que tenía una imagen de la diosa cobra. Solo un faraón podía usar esta corona. La leyenda dice que ella protegería al faraón escupiendo llamas a sus enemigos. Mientras José estaba vivo, el faraón ayudó a su familia a mudarse a Egipto. Dibuja el lado derecho del faraón como una imagen especular del lado izquierdo.

La familia de José se muda A EGIPTO

Lee Génesis 45:1-46:34 (RV1960).
Completa el siguiente crucigrama.

HORIZONTAL

2) José le dio a Benjamín _____ mudas de ropa.

5) Israel se llevó a toda su _____ con él a Egipto.

7) José era el gobernador de toda la tierra de _____.

8) Primogénito de Israel (Jacob).

9) "Israel dijo: 'Suficiente; _____, mi hijo, está vivo'".

10) José le envió a su padre _____ asnas.

VERTICAL

1) José e Israel se reunieron en este lugar.

3) Todas las personas de la Casa de Jacob que se mudaron a Egipto fueron _____.

4) Todos los hermanos de José eran _____.

6) "…toma _____ de la tierra de Egipto para tus niños pequeños y tus esposas…"

Doce tribus de Israel

Las doce tribus de Israel recibieron el nombre de los hijos o nietos de Jacob (Israel). Jacob y Lea tuvieron seis hijos: Rubén, Simeón, Leví, Judá, Isacar y Zabulón. Zilpa, la sierva de Lea, dio a luz a Gad y a Aser, y Raquel (la segunda esposa de Jacob) tuvo dos hijos, José y Benjamín. La sierva de Raquel tuvo dos hijos, Dan y Neftalí. Si bien ninguna tribu recibió el nombre de José, dos "medias tribus" recibieron el nombre de los hijos de José, Manasés y Efraín. Lee Deuteronomio 27:12-13. Escribe los nombres de las doce tribus de Israel en las rocas de abajo.

Viaje a Egipto

El faraón invitó a la familia de José a irse a vivir a Egipto.
Ayuda a Jacob (Israel) y su familia a encontrar su camino a la tierra de Gosén.

Canaán

Tierra de Gosén

Bible Pathway Adventures

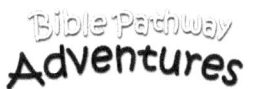

Pueblos del antiguo Cercano Oriente

Durante el tiempo que José gobernó la tierra de Egipto, la hambruna fue severa. Ningún grano creció en Egipto, ni en ninguna parte del antiguo Cercano Oriente, durante siete años. Debido a esto, muchas personas de diferentes regiones se dirigieron a Egipto para comprar grano. Dibuja los tipos de personas y animales que la familia de José habría visto en su camino hacia y desde Egipto.

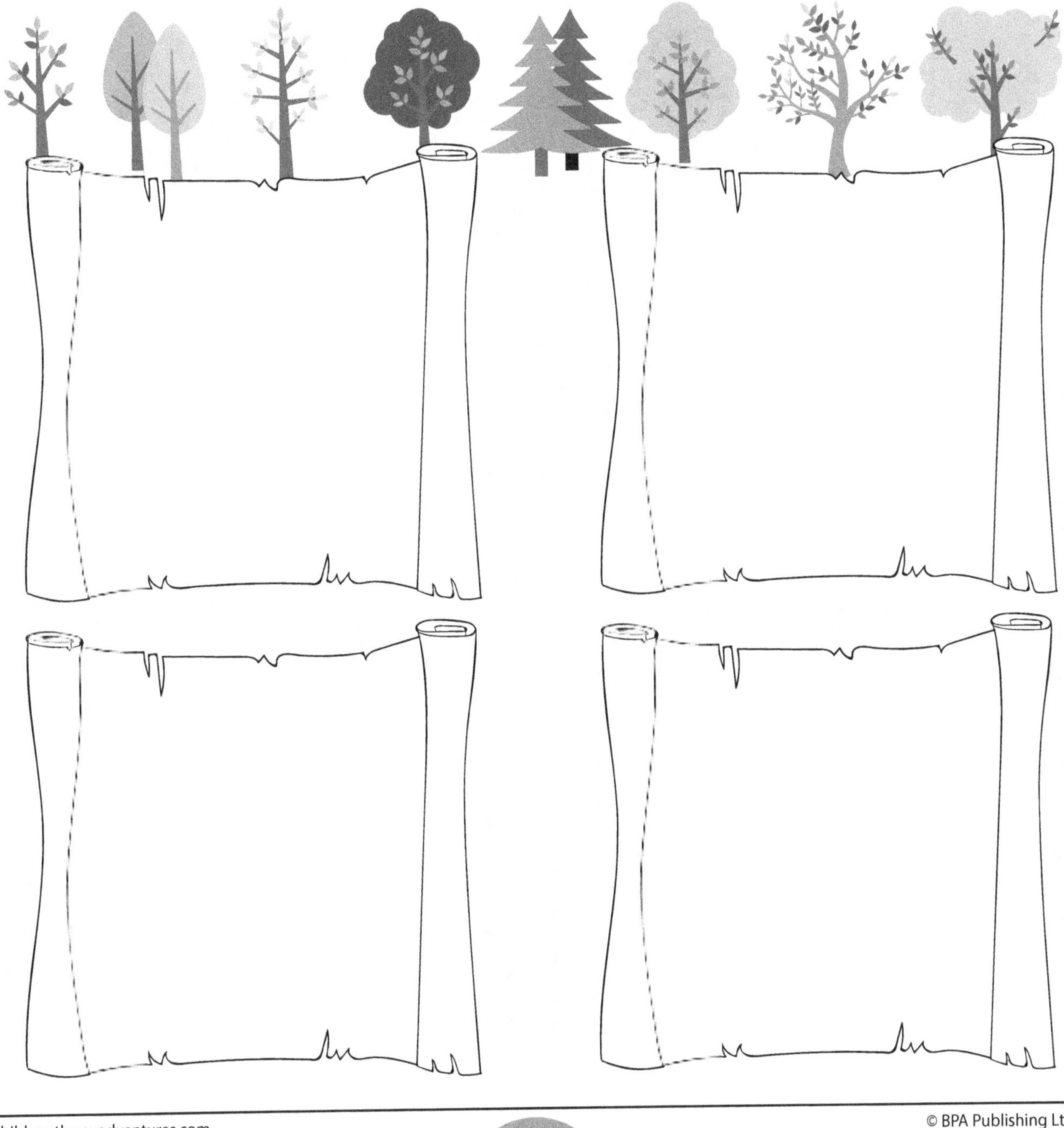

Ya'akov

El nombre hebreo de Jacob es Ya'akov. La Biblia dice que Jacob tuvo doce hijos de cuatro mujeres: sus esposas Lea y Raquel, y sus concubinas Bilha y Zilpa. Dios cambió el nombre de Jacob a Israel, "porque has peleado con Dios y con los hombres, y has vencido" (Génesis 32:28).

Ya'akov

יַעֲקֹב

Jacob

Traza el nombre hebreo aquí:

יעקב

יעקב

Escribe el nombre hebreo aquí:

 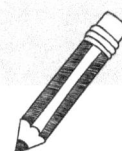

¡Vamos a escribir!

Practica la escritura del nombre hebreo de
Jacob en las siguientes líneas.

Inténtalo por tu cuenta.
Recuerda que el hebreo se lee de DERECHA a IZQUIERDA.

Un hogar egipcio

En el antiguo Egipto, los agricultores y trabajadores egipcios vivían en casas sencillas hechas de ladrillos de barro. Estas casas estaban hechas de paredes simples de un ladrillo de espesor. Cada casa tenía su propio patio con paredes pero sin techo. Los hermanos de José eran pastores. ¿Vivían en este tipo de hogar cuando llegaron a la tierra de Egipto? Colorea la imagen.

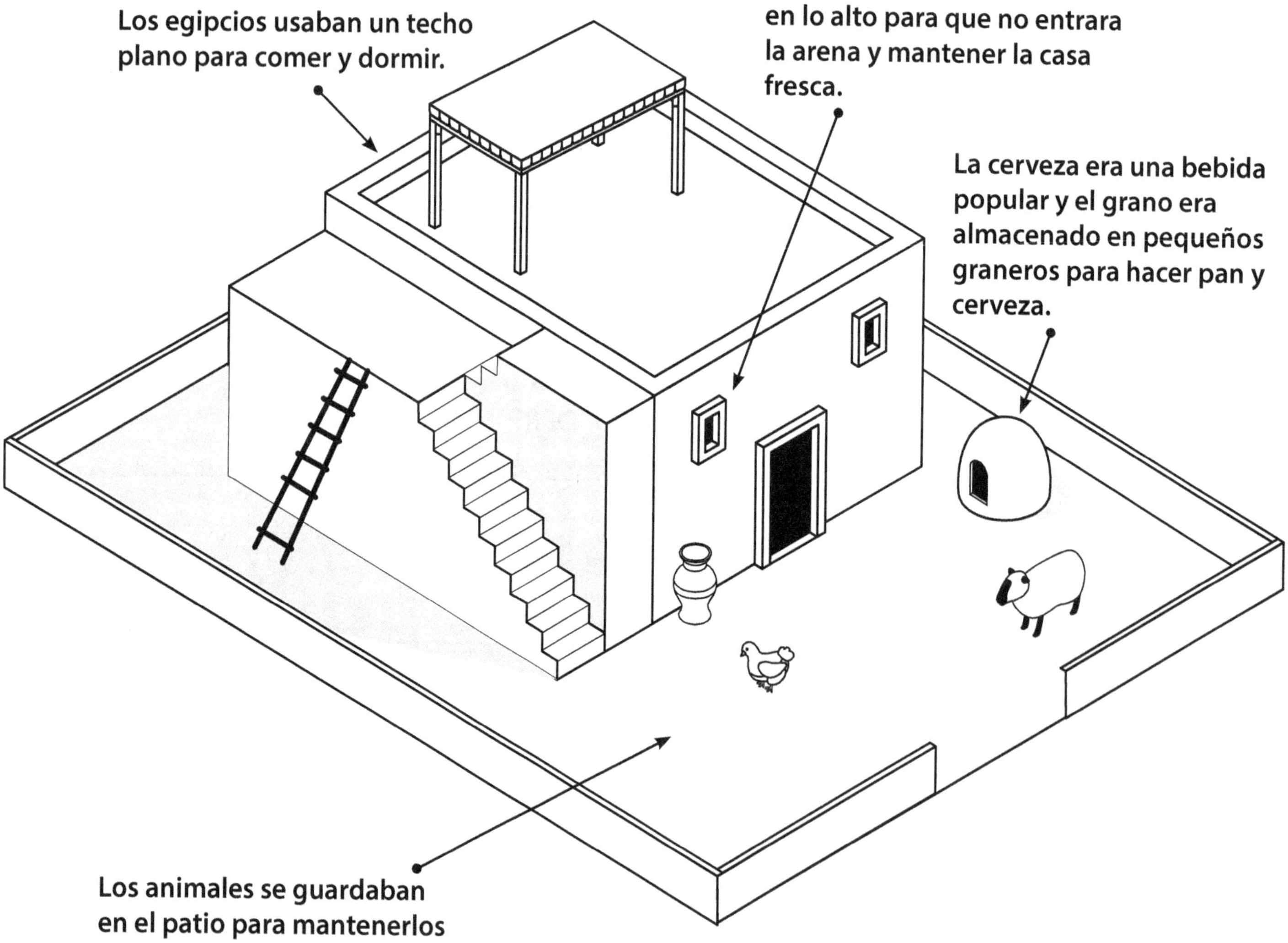

Los egipcios usaban un techo plano para comer y dormir.

Se abrían pequeñas ventanas en lo alto para que no entrara la arena y mantener la casa fresca.

La cerveza era una bebida popular y el grano era almacenado en pequeños graneros para hacer pan y cerveza.

Los animales se guardaban en el patio para mantenerlos a salvo de los ladrones.

¿Descubrimiento de la tumba de José?

¿Han encontrado los arqueólogos la tumba de José en Egipto? Las excavaciones recientes de Tel el-Daba, ubicada en el área del delta del Nilo y mencionada en la Biblia como la tierra de Gosén, revelaron que era la antigua ciudad de Avaris. Es aquí donde los arqueólogos descubrieron un gran palacio de estilo egipcio con un jardín y un cementerio, que contenía varias tumbas. La tumba más grande (construida en forma de pirámide) tenía una sola cámara con una pequeña capilla al frente. Había sido robada, pero los arqueólogos encontraron una estatua dañada. La estatua había sido destrozada, pero se encontró lo suficiente como para reconstruir una posible identificación.

La estatua era la de un importante funcionario del gobierno egipcio. La piel era amarilla, el color tradicional de los hombres asiáticos en el arte egipcio. Tenía un peinado en forma de hongo, pintado de rojo, típico del que se muestra en las obras de arte egipcias para los asiáticos, y la estatua estaba bien afeitada y vestía una túnica de muchos colores. Un bastón, el jeroglífico egipcio para un extranjero, se sostenía contra el hombro derecho. Este hombre debe haber sido un cananeo de algún tipo y un funcionario importante en el gobierno egipcio.

1. ¿Qué encontraron los arqueólogos en Tel el-Daba?

   ....

2. Investiga sobre este descubrimiento arqueológico.
   ¿Qué crees? ¿Es esta la tumba de José?

   ....

¡Colorea a José!

Pendones

Hijos de Israel
(Génesis 35:22-26)

RUBÉN

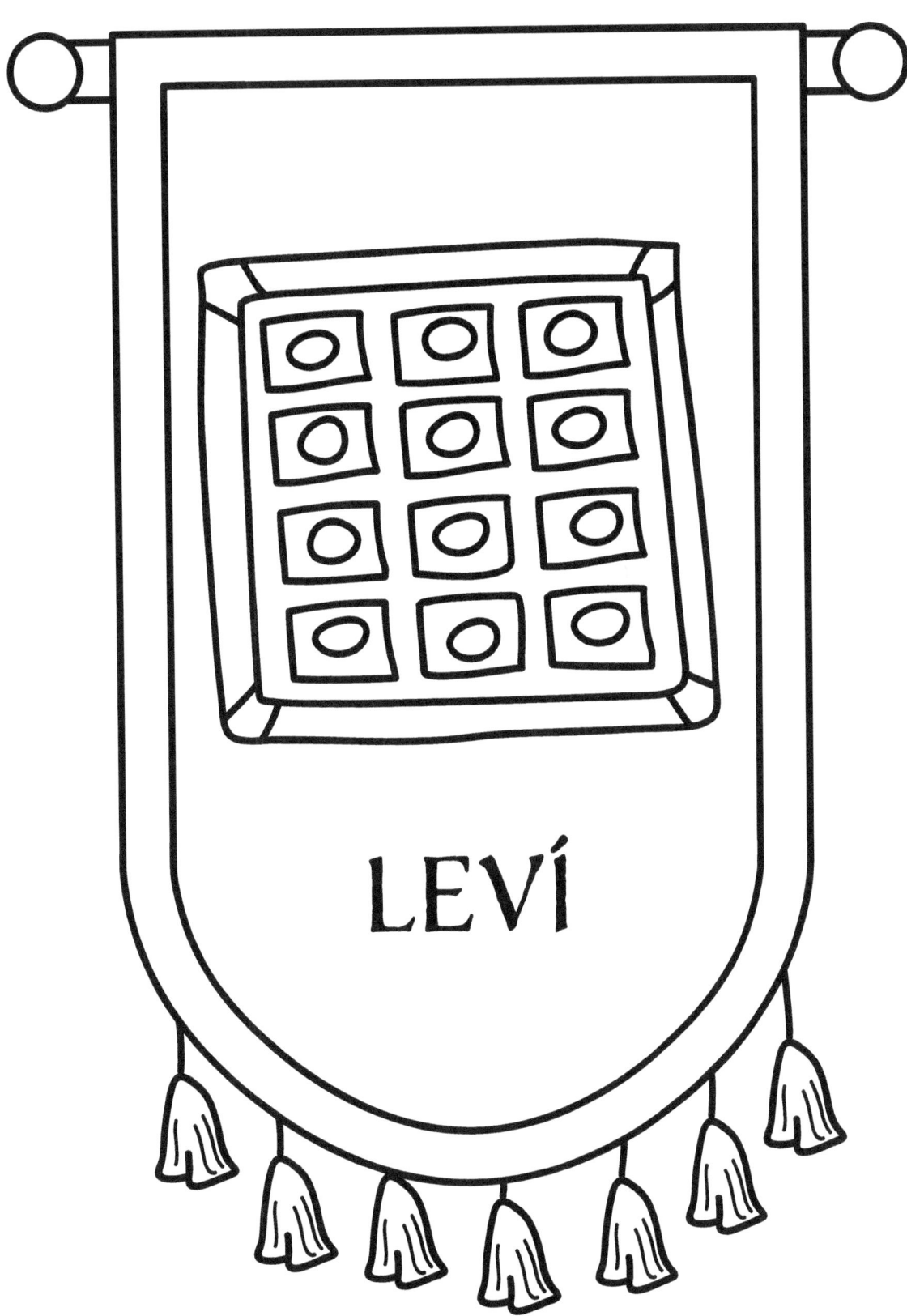

LEVÍ

JUDÁ

ISACAR

ZABULÓN

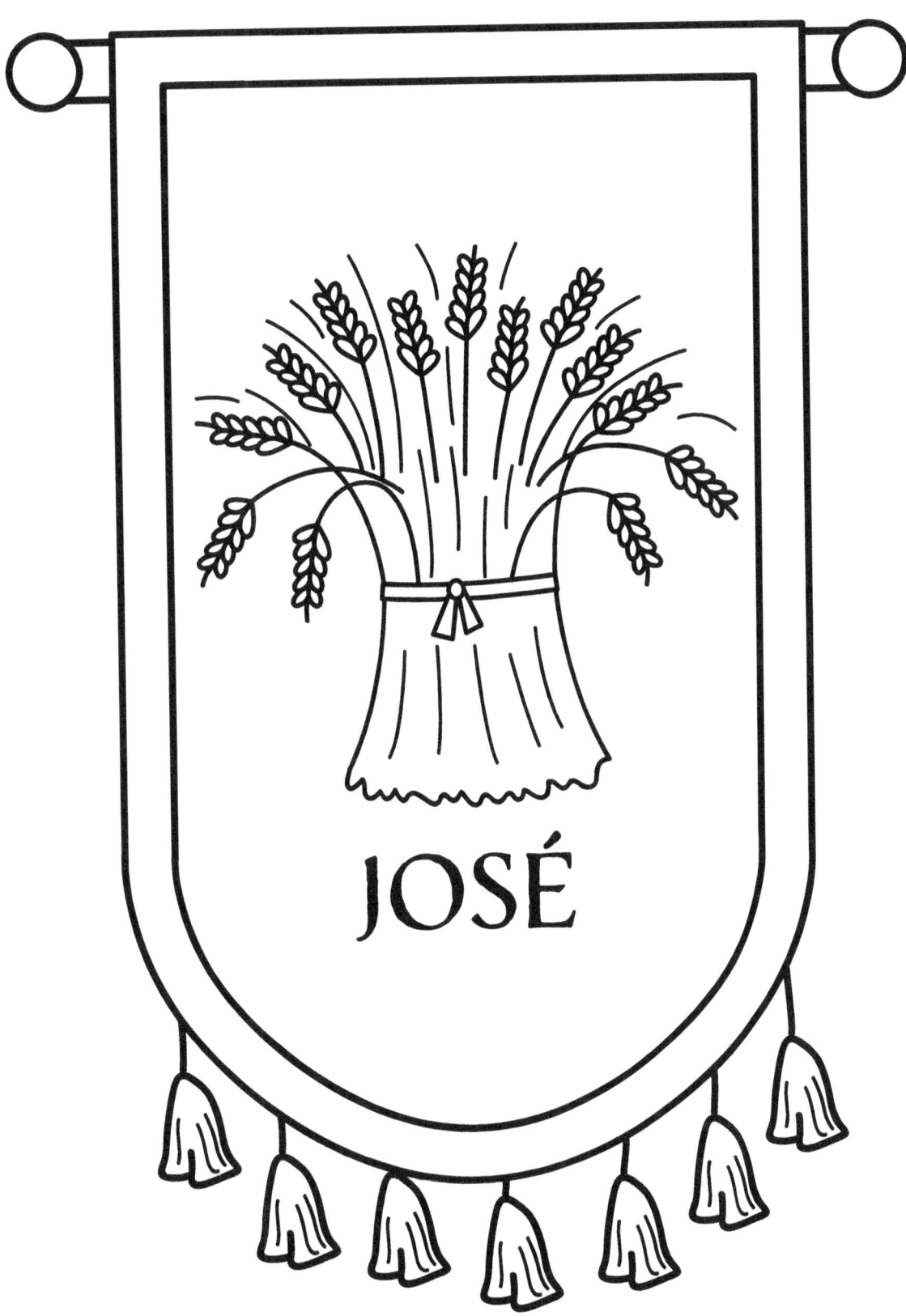

JOSÉ

BENJAMÍN

DAN

NEFTALÍ

GAD

ASER

Manualidades y Proyectos

¡HAGAMOS UNA OVEJA!

José y sus hermanos eran pastores. Su trabajo era cuidar del rebaño de su padre. Jacob tenía muchos animales, incluyendo rebaños de burros, ovejas y cabras.

Necesitarás:

1. Platos de papel
2. Motas de algodón blanco
3. Papel de construcción negro
4. Ojitos de plástico para manualidades
5. Pegamento escolar

Preparación: Recorta la cara, patas y orejas de oveja de la plantilla en la siguiente página.

Instrucciones:

1. Cubre un plato de papel con pega escolar. Cubre la pega escolar con motas de algodón blanco.
2. Docente: ayude a su estudiante a ensamblar la cara de la oveja usando las piezas de la plantilla y los ojos para manualidades.
3. Pega la cabeza y piernas de la oveja al cuerpo de motas de algodón.

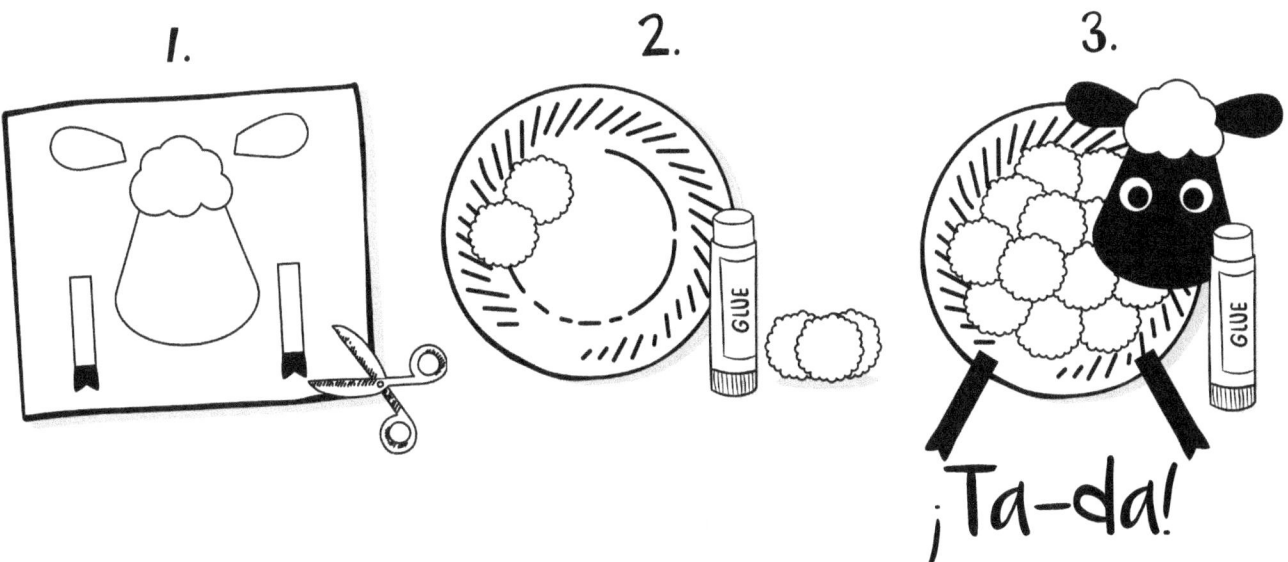

¡Ta-da!

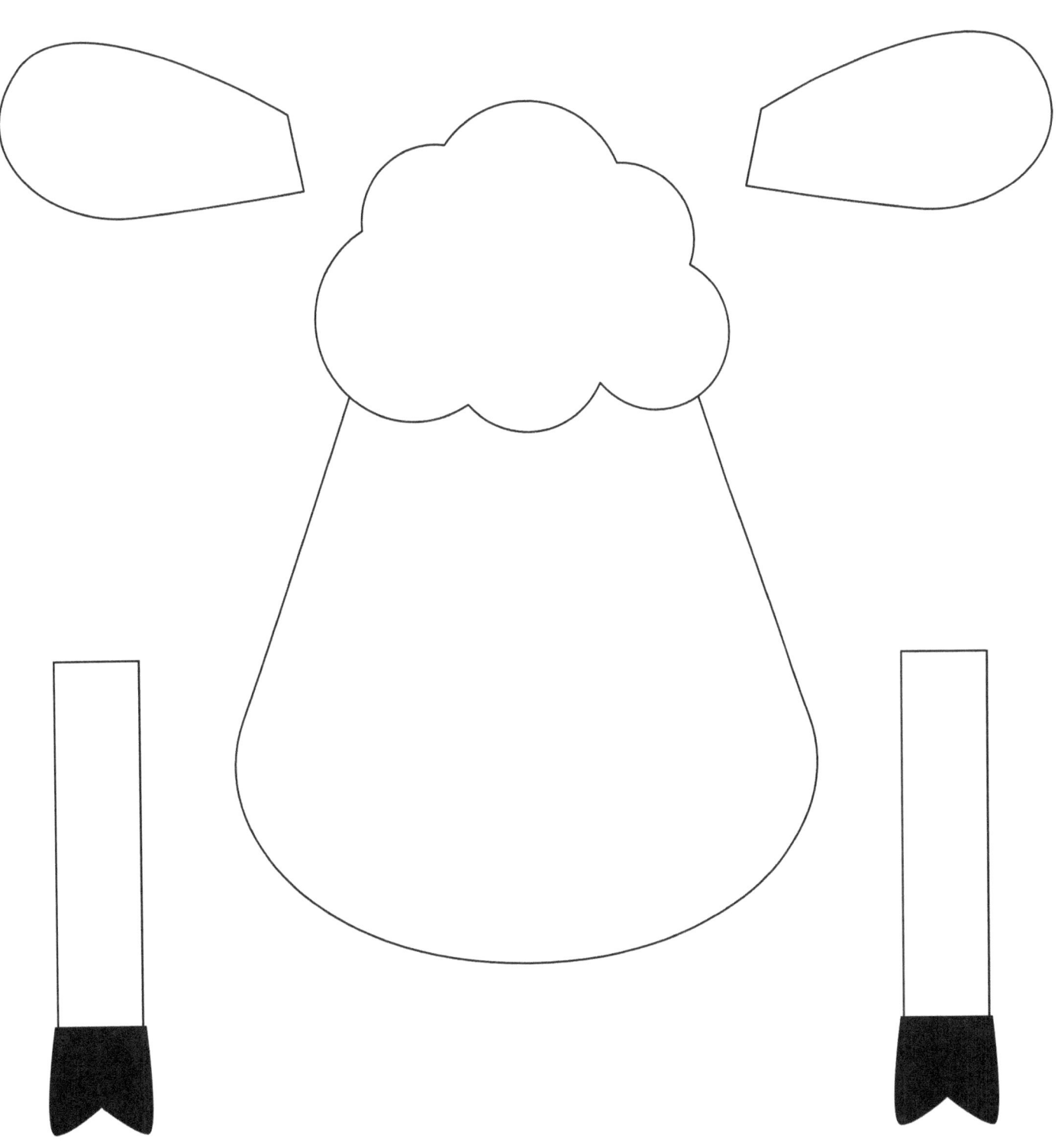

¿Quién lo dijo?

Lee Génesis 37:1-36. Colorea y recorta cada imagen bíblica.
Empareja el versículo de la Biblia con la persona que lo dijo.

1.

"Busco a mis hermanos; te ruego que me muestres dónde están apacentando".
- Génesis 37:16

2.

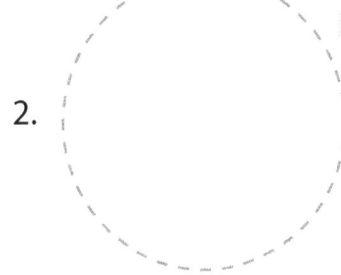

"Venid, y vendámosle a los ismaelitas, y no sea nuestra mano sobre él".
- Génesis 37:27

3.

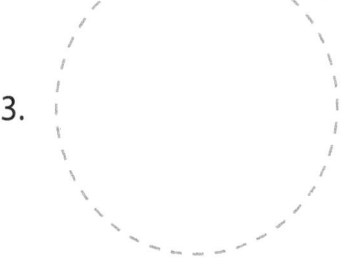

"El joven no aparece; y yo, ¿a dónde iré?".
- Génesis 37:30

4.

"La túnica de mi hijo es; alguna mala bestia lo devoró".
- Génesis 37:33

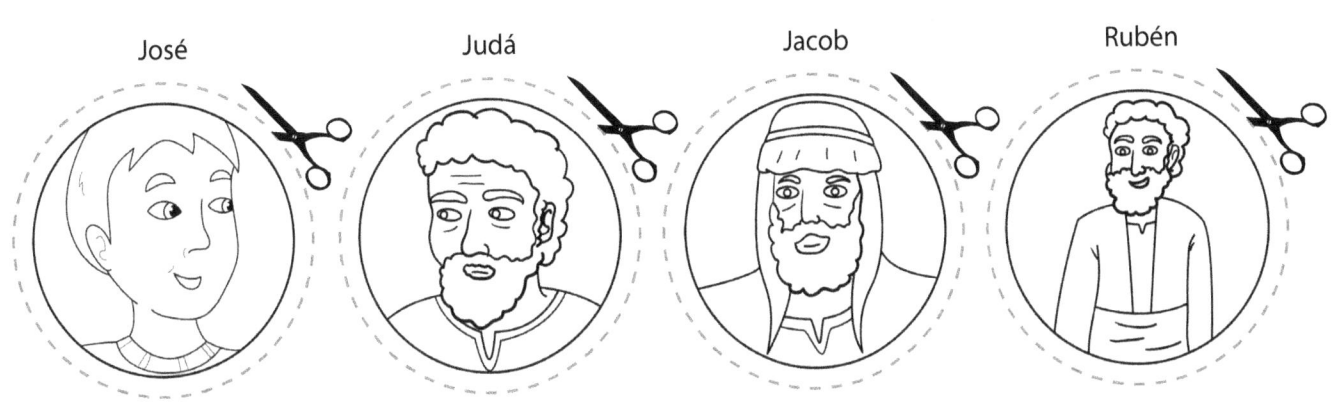

José   Judá   Jacob   Rubén

Guía de respuestas

Lección 1: José, el soñador
Repasemos
1. José
2. José era pastor
3. Para mostrarles a sus hijos cuánto amaba a José, y como señal de autoridad
4. Estaban celosos de él porque era el hijo favorito de Jacob
5. Todos sus fardos de grano se inclinaron ante el fardo de José. En el segundo sueño, el sol, la luna y once estrellas se inclinaron ante José

Sopa de letras de la Biblia: La familia de José

Cuestionario de la Biblia: La túnica de José
1. Tierra de Canaán
2. Diecisiete años
3. Lea y Raquel
4. Una túnica
5. Amaba a José más que a sus otros hijos
6. Los hermanos de José lo odiaron
7. Dos sueños
8. Fardos de grano se inclinaban ante el fardo de José
9. Sol, luna y estrellas
10. Jacob lo reprendió

Hoja de trabajo de comprensión: La túnica de José
1. "Ketonet passim" significa "túnica de distinción" o "vestimenta larga con mangas"
2. Quizás porque José tenía autoridad sobre sus hermanos mayores

La familia de Jacob

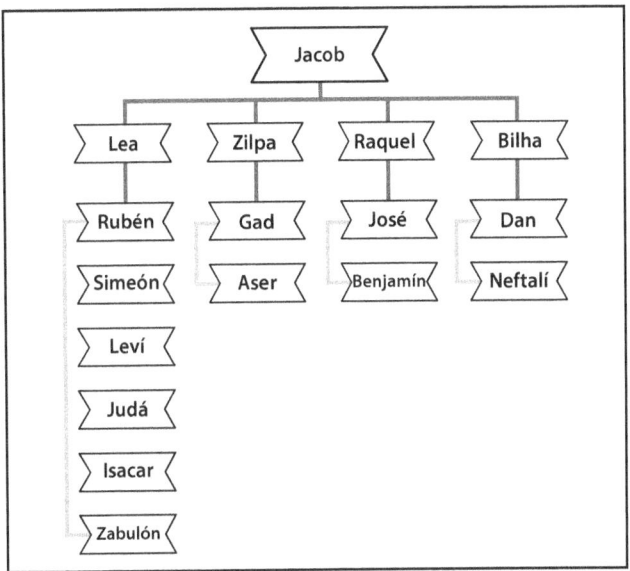

Hoja de trabajo para colorear: Los sueños de José
1. Fardos de trigo que se inclinaban a otros fardos
2. El sol, la luna y las estrellas se inclinaban ante José
3. Jacob reprendió a José, diciéndole: "¿Qué es este sueño que has soñado? ¿Nos inclinaremos a tierra yo, tu madre y tus hermanos ante ti?"

¿Cuál es la palabra?
Y soñó José un sueño, y lo contó a sus hermanos; y ellos llegaron a aborrecerle más todavía. 6 Y él les dijo: Oíd ahora este sueño que he soñado: He aquí que atábamos manojos en medio del campo, y he aquí que mi manojo se levantaba y estaba derecho, y que vuestros manojos estaban alrededor y se inclinaban al mío. Le respondieron sus hermanos: ¿Reinarás tú sobre nosotros? Y le aborrecieron aún más a causa de sus sueños y sus palabras. Soñó aun otro sueño, y lo contó a sus hermanos, diciendo: He aquí que he soñado otro sueño, y he aquí que el sol y la luna y once estrellas se inclinaban a mí. Y lo contó a su padre y a sus hermanos; y su padre le reprendió, y le dijo: ¿Qué sueño es este que soñaste? ¿Acaso vendremos yo y tu madre y tus hermanos a postrarnos en tierra ante ti? Y sus hermanos le tenían envidia, mas su padre meditaba en esto.

Lección 2: Vendido como esclavo
Repasemos:
1. Jacob quería que José revisara a sus hermanos
2. Le quitaron la túnica a José y lo lanzaron a un pozo. Después lo vendieron a los mercaderes
3. Los mercaderes madianitas (ismaelitas) compraron a José. Pagaron 20 piezas de plata
4. Que José fue devorado por un animal salvaje
5. Los mercaderes vendieron a José a Potifar, uno de los oficiales del faraón

Cuestionario de la Biblia: Vendido como esclavo
1. Siquem
2. Jacob (Israel)
3. Dothan
4. Matémoslo y arrojémoslo a uno de los pozos
5. Rubén
6. Le quitaron la túnica a José y lo arrojaron a un pozo vacío
7. Especias, bálsamo y mirra
8. Veinte piezas de plata
9. Sangre de una cobra macho
10. Tierra de Egipto

Comprensión: Las esposas e hijos de Jacob
1. Rubén, el primogénito de Jacob; Simeón, Levi, Judá, Isacar y Zabulón
2. José y Benjamín

Hoja de trabajo: ¿Quién lo dijo?
1 = José
2 = Judá
3 = Rubén
4 = Jacob

Pregunta y colorea: Los mercaderes
1. Especias, bálsamo y mirra
2. 20 piezas de plata
3. Potifar, un oficial del faraón

Actividad del mapa: A Egipto…
Israelitas famosos que viajaron a la tierra de Egipto incluyen Abraham (Génesis 12), el rey Jeroboam (1 Reyes 11), el profeta Jeremías (Jeremías 43) y Yeshua (Mateo 2)

Crucigrama de la Biblia: Vendido como esclavo

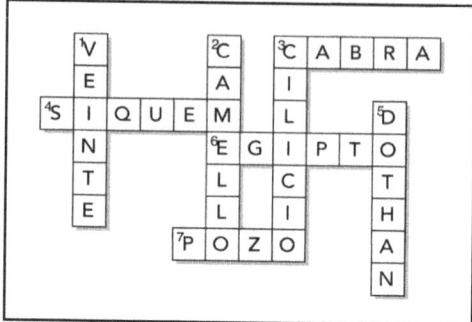

Lección 3: Los sueños del faraón
Repasemos:
1. La esposa de Potifar acusó falsamente a José porque se negó a acostarse con ella
2. El faraón restaurará al mayordomo a su puesto anterior, y colgará al panadero
3. En un sueño vio siete vacas gordas y siete vacas flacas. En otro sueño, vio siete espigas gordas y siete espigas delgadas
4. José explicó el significado de los dos sueños del faraón
5. Al faraón le gustó José y lo nombró gobernador (visir) de Egipto

Hoja de trabajo: Capitán de la Guardia
1. Los mercaderes madianitas vendieron a José como esclavo a Potifar
2. José se negó a pasar tiempo a solas con la esposa de Potifar. Ella le mintió a su esposo, diciendo que José había tratado de acostarse con ella. Potifar creyó a su mujer y mandó a José a la cárcel

Pregunta y colorea: José rechaza a la esposa de Potifar
1. José sabía que era un pecado contra Dios acostarse con la esposa de su amo
2. Porque la esposa de Potifar quería acostarse con José
3. La esposa de Potifar mintió a Potifar, diciéndole que José trató de atacarla

Cuestionario de la Biblia: José en la prisión
1. Potifar, el egipcio
2. José fue acusado falsamente de atacar a la esposa de Potifar
3. El comandante de los guardias
4. El panadero y mayordomo del faraón
5. El mayordomo (copero)
6. El panadero
7. José
8. El panadero
9. El río Nilo
10. El mayordomo

Sopa de letras de la Biblia: Los sueños del faraón

Hoja de trabajo de comprensión: Sueños de los antiguos egipcios

1. Dios
2. Para predecir el futuro, curar enfermedades, tomar decisiones importantes y decidir dónde construir un templo o cuándo pelear una batalla
3. Para esperar tener un sueño de consejo, consuelo o curación
4. Una lista de sueños e imágenes que describen actividades tales como machacar, elaborar cerveza, tejer, pasear, revolver y enyesar

Palabras desordenadas de la Biblia: ¿Cómo el faraón recompensó a José?

Dijo el faraón a José: aquí yo te he puesto sobre toda la tierra de Egipto.

Hoja de trabajo para colorear: El faraón

1. La tierra de Egipto
2. José explicó los sueños del faraón y le mostró sabiduría
3. Un anillo especial, una túnica de lino fino, una cadena de oro y una esposa
4. José almacenó tanto grano que no se podía contar
5. Efraín y Manasés

Lección 4: La copa de plata
Repasemos:

1. Había una hambruna en la tierra de Canaán y necesitaban comprar comida
2. Los hermanos regresarían a Egipto con Benjamín
3. Bálsamo, miel, pistachos, almendras, especias y mirra
4. Los hermanos se sentaron de mayor a menor. Benjamín recibió cinco veces más comida que sus hermanos
5. El sirviente los acusó de robar la copa y los llevó a ver a José

Cuestionario de la Biblia: Los hermanos de José

1. Para comprar grano
2. José
3. De ser espías
4. Simeón
5. Un burro
6. Un fajo de dinero
7. Miel, pistachos, almendras, especias y mirra
8. Cinco porciones más que sus hermanos
9. José hizo esconder su copa de plata en el saco de grano de Benjamín
10. Rasgaron sus vestidos, empacaron sus burros y regresaron a la ciudad

Pregunta y colorea: Los hermanos de José en Egipto

1. Para comprar grano
2. Dinero y provisiones
3. Un burro

¿Cuál es la palabra?

"Mandó José al mayordomo de su casa: Llena de alimento los costales de estos varones, cuanto puedan llevar, y pon el dinero de cada uno en la boca de su costal. Y pondrás mi copa de plata en la boca del costal del menor, con el dinero de su trigo. Y él hizo como dijo José. Venida la mañana, los hombres fueron despedidos con sus asnos. Habiendo ellos salido de la ciudad, de la que aún no se habían alejado, dijo José a su mayordomo: Sigue a esos hombres; y cuando los alcances, diles: ¿Por qué habéis vuelto mal por bien? ¿Por qué habéis robado mi copa de plata? ¿No es esta en la que bebe mi señor, y por la que suele adivinar? Habéis hecho mal en lo que hicisteis. Cuando él los alcanzó, les dijo estas palabras. Y ellos le respondieron: ¿Por qué dice nuestro señor tales cosas? Nunca tal hagan tus siervos. He aquí, el dinero que hallamos en la boca de nuestros costales, te lo volvimos a traer desde Canaán; ¿cómo, pues, habíamos de hurtar de casa de tu señor plata ni oro? Aquel de tus siervos en quien fuere hallada la copa, que muera, y aun nosotros seremos siervos de mi señor. Y él dijo: También ahora sea conforme a vuestras palabras; aquel en quien se hallare será mi siervo, y vosotros seréis sin culpa. Ellos entonces se dieron prisa, y derribando cada uno su costal en tierra, abrió cada cual el costal suyo. Y buscó; desde el mayor comenzó, y acabó en el menor; y la copa fue hallada en el costal de Benjamín".

Hoja de trabajo de comprensión: ¿José construyó un canal?

1. "La vía fluvial de José"
2. El ingeniero estadounidense descubrió las ruinas de antiguas presas, zanjas y acueductos, y un sistema de canales paralelo al río Nilo de varios cientos de kilómetros. También encontró evidencia de que la gran depresión de el-Faiyum se convirtió en un lago artificial desde el cual se alimentó al Nilo con agua almacenada en años de escasez

Lección 5: José y su familia

Repasemos:

1. Pida a los niños que respondan esta pregunta
2. José sabía que Dios lo había enviado a Egipto para preservar la vida
3. El faraón les dio a los hermanos de José sus mejores carros. Cuando llegaron a Egipto, les dio la mejor tierra: la tierra de Gosén
4. Docente: en Génesis 46:8-27 encuentra una lista de la familia de José
5. José preparó su carro y fue a encontrarse con su padre en la tierra de Gosén. Cuando José vio a Jacob (Israel), se abrazó a su cuello y lloró durante mucho tiempo. Entonces Jacob le dijo a José: "Ahora puedo morir en paz. He visto tu cara. Sé que todavía estás vivo"

Cuestionario de la Biblia: José se reúne con su familia

1. "¡Yo soy José! ¿Mi padre sigue vivo?"
2. Dos años
3. Provisiones, mudas de ropa, siclos de plata, burros y carretas
4. "No temas descender a Egipto, porque allí te convertiré en una gran nación. Yo mismo descenderé contigo a Egipto, y también te haré subir"
5. Setenta personas
6. Judá
7. "Ahora puedo morir, ya que he visto tu rostro y sé que todavía estás vivo"
8. Eran pastores
9. Tierra de Gosén
10. 147 años

Hoja de trabajo: Jacob va a Egipto

En Beerseba, Jacob ofreció sacrificios a los dioses del faraón: FALSO

80 personas de la Casa de Jacob se mudaron a Egipto: FALSO

Jacob envió a Aser delante de él para encontrar a José: FALSO

Jacob y su familia se establecieron en la tierra de Gosén: CIERTO

Jacob tenía 130 años de edad cuando conoció al faraón: CIERTO

Jacob le dio a su familia una buena educación: FALSO

Crucigrama de la Biblia: La familia de José se muda a Egipto

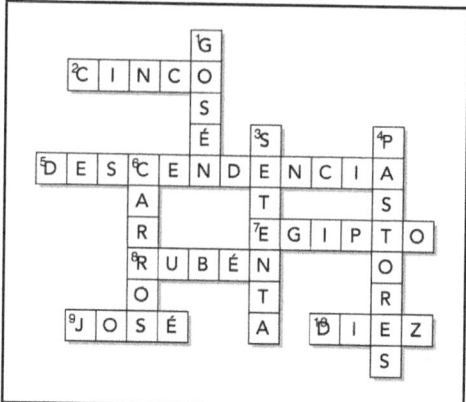

Hoja de Trabajo: Doce tribus de Israel

Rubén
Simeón
Leví
Judá
Isacar
Zabulón
Dan
Neftalí
Gad
Aser
José (más tarde dividido en las "medias tribus" de Efraín y Manasés)
Benjamín

Hoja de trabajo de comprensión: ¿Descubrimiento de la tumba de José?

1. Excavaciones recientes de Tel el-Daba, ubicada en el área del delta del Nilo y mencionada en la Biblia como la tierra de Gosén, reveló que era la antigua ciudad de Avaris. Es aquí donde los arqueólogos descubrieron un gran palacio de estilo egipcio con un jardín y un cementerio, que contenía varias tumbas. La tumba más grande (construida en forma de pirámide) tenía una sola cámara con una pequeña capilla al frente. Había sido robada, pero los arqueólogos encontraron una estatua dañada.

www.biblepathwayadventures.com
La vida de Jos: Libro de actividades
102

¡Descubra más Libros de Actividades!

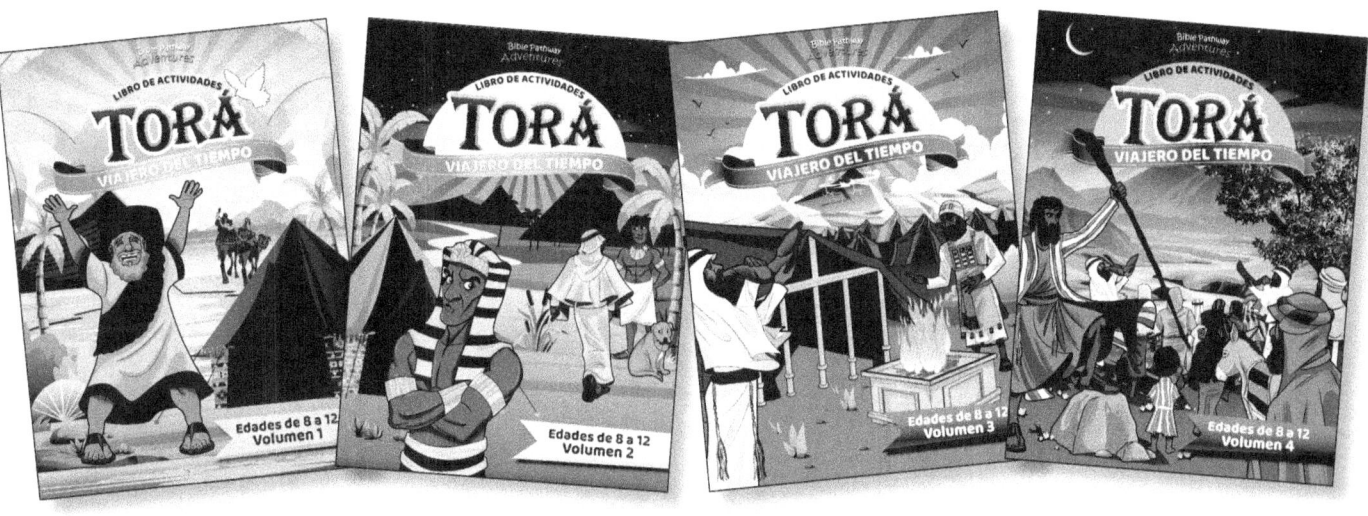

Disponibles para comprar en www.biblepathwayadventures.com

¡DESCARGA INSTANTÁNEA!

Libro de Actividades de las Fiestas de Otoño
Libro de actividades de las 12 tribus de Israel para Principiantes
Libro de actividades de las doce tribus de Israel
Libro de Actividades de las Fiestas de la Primavera
Viajero del tiempo - Volumen 1
Viajero del tiempo - Volumen 2
Viajero del tiempo - Volumen 3
Viajero del tiempo - Volumen 4

© BPA Publishing Ltd 2022